U0449112

山顶视角
代表作定制出版

成就顶尖高手代表作
让阅读更有价值

THE PCC HANDBOOK

专业级教练（PCC）认证指南

成为专业教练的第一本书

奠定大师级教练的基础

［英］丽莎·韦恩 —— 著　　隋宜军 —— 译

北京联合出版公司

图书在版编目（CIP）数据

专业级教练（PCC）认证指南：成为专业教练的第一本书 /（英）丽莎·韦恩著；隋宜军译. --北京：北京联合出版公司，2025.3. --ISBN 978-7-5596-8174-4

Ⅰ. F272-62

中国国家版本馆CIP数据核字第2024PZ1856号

Copyright © 2025 by Beijing United Publishing Co., Ltd.
All rights reserved.
本作品版权由北京联合出版有限责任公司所有

专业级教练（PCC）认证指南：成为专业教练的第一本书

[英] 丽莎·韦恩　著
隋宜军　译

出　品　人：赵红仕
出版监制：刘　凯
选题策划：山顶视角
策划编辑：王留全　李俊佩
责任编辑：李建波
封面设计：今亮後聲 HOPESOUND 2580590616@qq.com
内文制作：梁　霞

关注联合低音

北京联合出版公司出版
（北京市西城区德外大街83号楼9层　100088）
北京联合天畅文化传播公司发行
北京美图印务有限公司印刷　新华书店经销
字数182千字　880毫米×1230毫米　1/32　10印张
2025年3月第1版　2025年3月第1次印刷
ISBN 978-7-5596-8174-4
定价：78.00元

版权所有，侵权必究
未经书面许可，不得以任何方式转载、复制、翻印本书部分或全部内容。
本书若有质量问题，请与本公司图书销售中心联系调换。电话：（010）64258472-800

假如我们等待他人或等待他日,改变就不会发生。我们就是我们一直在等待的人。我们就是我们所追求的改变。

——贝拉克·奥巴马

目 录

推荐语 / 01

推荐序一　以身立教，鲜活示范的MCC / 07

推荐序二　专业级教练必备的"PCC圣经" / 10

推荐序三　等不及推荐给想精进的朋友们 / 14

推荐序四　教练界的"乌龟大师" / 17

推荐序五　用生命影响生命 / 21

第一部分　背景介绍

欢迎使用《专业级教练（PCC）认证指南》：奠定大师级的基础 / 003

成为ICF的一名PCC / 009

核心教练能力：通向变革性的真正的教练技术的旅程 / 013

进入考核官的大脑：你的考核官将如何运用PCC评估指标 / 027

关于准备你的教练会谈录音的一些建议 / 033

第二部分　PCC评估指标

A.基础

核心教练能力1：展现职业道德操守 / 043

核心教练能力2：体现教练心智 / 061

B.合作创建教练关系

核心教练能力3：建立和维护教练合约 / 075

核心教练能力4：培养信任和安全感 / 109

核心教练能力5：保持当下和同在 / 127

C.有效地交流

核心教练能力6：积极聆听 / 153

核心教练能力7：唤起觉察 / 179

D.促进学习和成长

核心教练能力8：促进客户成长 / 211

第三部分　专业级教练认证申请及考试

专业级教练认证申请 / 245

ICF认证考试 / 253

附录1　核心教练能力 / 263

附录2　国际教练联合会道德操守 / 273

寄　语 / 283

关于创问教练中心 / 287

推荐语

佐然·托德偌维奇（Zoran Todorovic）

国际教练联合会（ICF）认证大师级教练（MCC），"进化教练"体系创始人之一，TNM 国际教练集团主席

  在这本《专业级教练（PCC）认证指南》中，丽莎·韦恩将帮助你获得教练实践的成功和满足！这是一本优秀的、不可或缺的教练指南，细致深入地阐述了获取大师级教练能力的最佳途径。丽莎·韦恩的著作以新颖的洞见和有效的练习为你在教练事业上取得卓越成功带来最好的指导。我很难充分地表达我对此书及其作者的钦慕之情！

玛莎·雷诺兹（Marcia Reynolds）

心理学博士，大师级教练，全球知名女性高管教练，曾任国际

专业级教练（PCC）认证指南

教练联合会会长，《教练的本质》作者

  如果你下定决心要去赢得你的 ICF 教练认证，请你一定购买此书。无论你曾受过多么棒的培训，你必须继续完善你对教练工作的理解，以便将各项核心能力融会于当下。丽莎的《专业级教练（PCC）认证指南》是献给教练界的一件令人赞叹的礼物。

隋于军（Allow）

创问教练中心创始人，《4C 团队教练》作者

  丽莎老师是我最尊敬的一位世界顶级的大师级教练，她的教练风格温暖、灵动、纯净，她是真正用生命在教练的人！可以肯定《专业级教练（PCC）认证指南》的出版将极大地推动教练行业在中国的发展，我知道这也是丽莎老师的初心！

陆　杰（Jack Lu）

国际教练联合会认证大师级教练，创问成都教练中心合伙人，星原教练社发起人

  "成为教练，就是成为你自己！"在通往大师级教练的路上，这是必然的结果。作为丽莎老师在中国的学生，我深刻地感受过她的温暖与灵动，并见证了她持续推动教练行业专业度的提升！这本《专业级教练（PCC）认证指南》的字里行间都

传递着力量,仿佛是在和你面对面地分享。此次新版,值得每一位教练拥有,不止于PCC!

贺拥军

国际教练联合会认证大师级教练,创问教练中心首席督导教练、考官

丽莎老师为中国培养了很多优秀教练。我跟随丽莎老师学习多年,深深为她的幽默、智慧、柔软、灵动所打动。她撰写的《专业级教练(PCC)认证手册》这本"绿宝书"影响了无数的教练学习者和从业者,是一本ICF核心能力宝典,我把它当作工具书一样放在身边,时时翻阅,每一次都有不一样的收获和体验。本书深入浅出、通俗易懂,既有独立思考、清晰精微的理论讲解,又有翔实生动、便于模仿的具体对话事例可供实践,无论是教练初学者还是准备成为专业教练的从业者,都值得拥有,也必须拥有。

尤志欣(Eric)

国际教练联合会认证大师级教练,港大ICB(中国商业学院)人资系研究生课程导师,《培训师进化之路》作者

经常有学生问我:应该优先看哪本教练书?我总是推荐丽莎老师的《专业级教练(PCC)认证指南》。喜闻本书全新升

级再版了，特向大家推荐！无论你是刚加入 ICF 的新手教练，还是正在准备 ACC（助理级教练）、PCC 认证的专业教练，又或者是在进行教练的教学和辅导工作的资深教练，本书都是一本必不可少的卓越宝典！

我和丽莎老师相识于 2015 年，在我的教练成长道路上，丽莎老师无论在教学方面还是在辅导认证方面都给了我非常多的支持。我从 2017 年开始辅导上百位学员通过了 PCC 的认证考试，最核心的工具就是这本《专业级教练（PCC）认证指南》。本书的优点在于清晰、精准的能力讲解，带有案例化和标准样式的对话示范，读完本书，相当于直接上了一门丽莎老师的 PCC 认证课程。

近来 ICF 的笔试（ICE）进行了改版，难度提升了不少，无论是 ACC、PCC 和 MCC 的笔试认证，都需要考同样的 81 题。包括我在内，参加并通过考试的教练们一致认为《专业级教练（PCC）认证指南》对大家的帮助太大了，我认识的 PCC 们几乎人手一本，大家亲切地把这本书称为"教练绿宝书"。

史 丽

上海杉树公益基金会创始人，廷丰责任管理咨询创始人，纯境空间创始人

作为"进化教练"一班的学员，作为 Lisa 老师到中国来认

识的第一名学生,作为上完了"进化教练"基础课、中级 PCC 直通车和高阶进化课的学员,期盼已久的 Lisa 老师关于备考 PCC 的"圣经"终于要出新版了。非常钦佩 Lisa 老师花费那么大的精力去整理这本书,将她 20 余年的教练实践精华浓缩在里面。

学习"进化教练"和认证 PCC 的过程,是一个真正的自我修行的过程,是一个学习倾听自己和他人、学习真正地爱自己和爱他人、学习带着觉察生活、学习对生命进行反思从而创造丰盛的生命的过程。在这条通往 PCC 的路上,是一个人可以每天"成为更好的自己"的践行,是聆听内心的呼唤活出自我的过程,是充分释放自己的潜能、让自己所在的世界因为自己的存在而更加美好的旅程。

《专业级教练(PCC)认证指南》带来的不仅是考试技巧,更是引领一名想要成为真正专业教练的自我成长、自我蜕变的灯塔。成长为 PCC 的过程,是一个有勇气正视自我和这个世界,活出真实自我的生命探索之旅。期待更多的教练得到这本书的指引,不仅能通过 PCC 的考试,更能创造自己的丰盛人生。

张 霏

国际教练联合会认证大师级教练、督导教练,组织及领导力发

展专家,在美世咨询、诺华制药等企业有20余年组织及人才管理实践

  我已进入正式开始教练学习的第十个年头,回顾过往,特别庆幸在步入教练行业的早期学习阶段就遇到了丽莎老师。她在授课现场的当下感、流动性及幽默松弛,是她卓越的教练技术之外给我留下的深刻印象。随着学习的深入我才逐步了解到,这就是大师级的教练状态。特别推荐丽莎老师的这本"绿宝书",你不仅能在书中了解到对于每一项教练能力的深刻解读,更能够学习到在PCC认证之路上你需要留意的每一个"关卡"。本书兼具实操性与可读性,我自己在六年前准备PCC认证时就从书中获益良多,非常推荐教练学习的伙伴以本书为指南,一起开启专业的学习旅程。

推荐序一
以身立教，鲜活示范的 MCC

每次听到丽莎的名字，我眼前就会绽放一朵丰满神气的女人花，活灵活现。

初次进入丽莎的课堂是大约十年前，那时我还没有完全摆脱抑郁的阴霾，听课也总是尽量坐在后排，尽量避免与人交谈。上课的小楼因人多而温暖，但毕竟是北方的冬天，当见到丽莎讲至兴起，光着脚在薄薄的化纤地毯上走来走去，我不禁咋舌：这个女人心咋这么大啊？每次课间，丽莎都会随着音乐领舞，我就是因此知道并深深喜欢上那首 *You Raise Me Up*（《你鼓舞了我》）了，也在今后的教练生涯中不断地欣赏并接近歌曲中的那种境界。

丽莎玩起来十分放得开。她个子高，在课堂练习时，偶尔会把班上的男生"逼"到墙角玩个"壁咚",把知识点用搞笑的方式印刻在教练们的大脑中,直观又趣味,和她的气质特别符合!她拿自己开玩笑也很是舍得,比如她讲到自己年轻时曾为某项公益项目托箱募捐,有微醉的男士上前大方捐款,并说:"小妞给唱一个!"丽莎大方开唱,男士们立即追加双倍捐款,为了请她"立即闭嘴!",乃至于我至今都很好奇丽莎的唱功,无论如何,定属非凡。

在丽莎的课上,想不放松都难。她自己就始终以身示范着一位大师级教练(MCC)应有的状态:松弛而专注,以及真诚的关切。她的课在很大程度上帮我在最艰难的阶段走出了自我设限的樊笼,更坚定地走上教练——这个我确认将投入余生的事业。

关于丽莎,官方的介绍已够"显赫",尤其对于教练圈来说,她从事教练工作25年,拥有MCC资格将近20年,还是国际教练联合会(ICF)认证委员会成员,担任专业教练认证考官多年。尤其她还出版了中文版的《专业级教练(PCC)认证指南》。估计以此书,可比较准确地统计出中国学习教练的人群数量了。

我对于丽莎在MCC身份之外的生活与世界有更多的想象,我想那一定是十分丰富的,也许会有游泳、网球、马拉松、舞蹈、阅读、爱情、亲情、友情、美食、美酒……当然,人生会

勘误说明

尊敬的各位读者,由于工作失误,本书存在几处推荐人职衔错误,特此更正:

吴士宏(第09页)、韩冬丽(第16页)、吉崇星(第20页)三位推荐人的职衔"国际教练联合会认证大师级教练"应统一更正为"国际教练联合会认证专业级教练"。

对三位推荐人和读者造成的不便,我们表示诚挚的歉意。

有很多的挑战与苦涩，但我坚信，这个美好的女人"deserve all the best"——值得拥有最好的东西。

而令我羡慕且乐于以丽莎为榜样的原因，也是我看到的：她在"大师"标签之外，首先活成了鲜活美丽的一朵女人花。真心祝福她恣意绽放！

感谢创问的 Tess 给我这个机会，让我有机会表达对丽莎的感受与感谢。

我相信，丽莎的书，会对所有致力于教练事业或只是好奇一窥的人都有益处。

感谢丽莎！

吴士宏（Juliet Wu）

国际教练联合会认证大师级教练、CEO 教练

《逆风飞飏》《越过山丘》作者

推荐序二
专业级教练必备的"PCC 圣经"

丽莎·韦恩老师投身教练事业 20 余载，现今乃是身兼教练导师和 ICF 认证考官的一位大师级教练，拥有全球教练领域的丰富经验和开阔眼界。丽莎老师自 2013 年起接受创问教练中心的邀请，每年不远万里来到中国传授"进化教练"课，对中国的教练培养事业饱含激情。10 余年来，她培养出近 2000 名具备 PCC 水准的中国的"进化教练"，极大地促进了教练事业在中国的推广。她一直心怀感恩地说："我热爱中国，我的潜能在中国这片土地上得到了极大的发展，中国是我的第二故乡。"这也是她把本书出版的第一站放在中国的原因。

中国的教练事业虽然起步较晚，但是发展势头甚是强劲，越来越多的从业人员开始取得国际教练联合会的助理级教练（ACC）认证和专业级教练（PCC）认证，近两年也有不少人获得了大师级教练（MCC）认证。众多新教练迫切需要提升教练能力，通过认证考试，增加服务价值，实现个人成长和进化。

丽莎老师凭借其国际视野清晰准确地看到中国教练界的这种需求，在2017年特地为我们倾力打造了这本凝聚她多年心血的《专业级教练（PCC）认证指南》，第一版[《专业级教练（PCC）认证手册》]一经上市便畅销无比，成为中国早期教练们人手一本的工具书，并被亲切地称为"绿宝书"。中国前500名获得PCC认证的教练大多都认真学习过这本书，甚至组织过很多次读书会研读过这本书。

2020年底，ICF更新、发布了八项教练核心能力后，市场上对于新版"绿宝书"的呼声便从未中断。哪怕上一版的些许库存，一经释放也立马被读者瓜分，其受欢迎程度可见一斑。应教练们的热情与需要，2024年丽莎老师又根据ICF的八项核心教练能力将此书做了全新的改版和升级，更加适合与时俱进的教练们进行迭代式的学习。

对于致力于成为或已经是专业级教练的人士，这是一本必备的工具书，其独特之处在于它对ICF的核心教练能力做了细致的分解、分析、梳理和整合，从而步骤分明地指导我们为PCC认证做好准备。这本书融汇了丽莎老师"20余年的教练经验、10余年的教练指导和ICF认证评估经验"：既有生动的个案分析，又有对教练界普遍存在的误区和困惑的探讨；既着眼于教练能力的成长，又从评估人的角度给出了实用的提示和建议。其内容之翔实、见解之透彻，使它堪当"PCC圣经"之美誉。

本书以ICF最新出台的"PCC评估指标"为依据，逐一分析了评估人对每项指标的聆听要点，并以具体的教练发问示例指导我们如何在教练干预中体现出核心教练能力的各项指标，从而使我们的教练会谈录音通过ICF考核官的考核——这是PCC认证程序中最重要的环节。

尽管本书在帮助教练们通过PCC认证上具有极大的价值，但是它并不鼓励刻板教条地照搬照用，恰恰相反，它对各项核心教练能力的实质进行了叙述，目的是帮助教练们领会关键行为和思维方式，并将自己的独特本质带入教练会谈，创造出灵活的教练方式并获取日益增长的真实才能。这种教练方式和才能表现为对全部核心教练能力的综合掌握：一方面，增加各项核心能力之间的正向促进；另一方面，减少各项核心能力之间的负向影响。对核心教练能力在这个层次上的把握真正地为教练们铺平了通往MCC的道路。由此，我们引出了本书的另一个目标：奠定大师级教练的基础。在新教练的眼中，MCC往往是可望而不可即的。然而，本书针对每项核心教练能力分别描述了从ACC到PCC再到MCC的发展轨迹，为教练们规划成功之旅带来了更大的信心和希望。丽莎老师用深入浅出的语言引

推荐序

领我们觉察并衡量自己在教练事业上的成长,使我们明了自己的优势和今后的前进方向,将为我们的教练生涯打下坚实的基础。阅读这本书的感觉,如同有一位温暖而深邃的智者在身旁引领,让我们走得更加坚定而扎实。可以断言,在本书的指引下,MCC 从此不再是遥不可及的梦想,它将是我们每位教练应该而且能够努力去摘取的硕果。

凡是热爱教练事业的人必定亲身感受过它的魅力。我们知道,教练不只是赋能他人实现目标的职业,还是解决问题、释放潜能的工具,更是一种热爱生活、无处不适的状态。我们每位教练都在用自己的专业知识和技能支持客户活出更高版本的自己,这种个体的努力、发展和充分绽放正在推动整个人类的进步和进化。为了给客户、给人类创造更大的价值,我们必须关注自身的成长,这正是 PCC 认证的初衷。PCC 并不仅仅是介于 ACC 和 MCC 之间的中间水平或环节,它还是一种态度和一份承诺。成为一名专业级教练意味着向世界郑重宣布:"我将为教练事业奉献我的一生!"让我们以此共勉。

何朝霞(Tess)

创问教练中心创始人

杉树公益基金会核心理事

U 型理论社会大剧院高级认证导师

推荐序三

等不及推荐给想精进的朋友们

收到这本书的时候,我的内心是欣喜和感恩的。

自从 ICF 的教练核心能力更新之后,我一直在等待 Lisa 老师的新书,现在终于等到了。

很多年前我刚刚开始学习教练时,便有幸师从 Lisa 老师。她本人丰富的教练经验和充满慈悲与大爱的教练状态,无时无刻不在向我传递积极的能量。

我考 ACC 和 PCC 的时候,也都是参考了本书的上一版本《专业级教练(PCC)认证手册》。

随着教练话题在这些年热度的提升,市场上相关的书籍也越来越多,但对于那些需要从新手教练往专业级教练精进的朋友而言,我依然会首先推荐 Lisa 老师这本全新的《专业级教练

推荐序

（PCC）认证指南》。

第一，本书涵盖了 Lisa 老师多年来在教练对话里的丰富经验。针对每一项核心能力以及它的子能力，新手教练可能大概明白它是什么意思，但是往往不确定什么样的问题或者对话可以让考官看出你拥有了这项能力。在本书中，Lisa 老师总是能给出很多不同场景的例句，让教练们有更深的体感，甚至可以结合自己的教练风格，直接运用到我们自己的教练对话中。

第二，本书不仅会告诉你如何做才会符合相应的能力要求，也会告诉你一些典型的"非教练"的沟通方式，而这些往往是新手教练很容易踩的坑。当你在书中看到相关内容的时候，可能会不自觉地会心一笑，转而给自己更多的提醒，从而避开这些陷阱。

第三，本书还源于 Lisa 老师多年来作为 ICF 考官听录音的经验——通过这些录音，Lisa 老师非常清楚大家更容易掌握某项能力以及更难体现出另外的某项能力。因为有了这些经验，Lisa 老师的分享与建议也变得更有针对性，对于希望能尽快提升自己的专业技能并顺利通过考试的朋友来说，读完本书后去实践也会更有效率。

总之，我已经等不及要把这本书分享给我周围正在教练路上持续精进的朋友们了。期待它可以让更多教练受惠，也希望教练们能更好地运用教练这个工具，让我们生活的这个世界变得更加美好！

韩冬丽

博世（Bosch）智能制造事业部中国区总经理

国际教练联合会认证大师级教练

创问教练中心"进化教练"33班、PCC7班学员

推荐序四
教练界的"乌龟大师"

　　Lisa 老师曾经写过一本《专业级教练（PCC）认证手册》，被教练们称为绿皮"圣经"，获得教练界的高度好评。这本新书是升级版，是 Lisa 根据 ICF 在 2019 年 11 月更新后，结合最新版本的核心教练能力框架，ACC、MCC 认证的最低标准，以及 PCC 的评估指标，加上自己最新的教学和实践思考后，在前作的基础上修订而成的。

　　我在进行系列 PCC Markers 公益直播讲座时，把《专业级教练（PCC）认证手册》作为主要参考书进行过认真的研读，不仅感觉到这本书是对教练核心能力和 PCC 评估标准的精准诠释及科学应用，更感觉到这本书是通往 MCC 的助推器。当看到新版书名是《专业级教练（PCC）认证指南——成为专业教练的第一本书》时，我会心一笑，一口气读完，感觉仿佛与 Lisa 进行了一场酣畅淋漓的对话，再一次深化了自己对于教练能力的理解，同时心潮澎湃，记忆中关于 Lisa 的点点滴滴在脑中浮现。

一、温暖、幽默而又坚定的 Lisa

初见 Lisa，给人的感觉是幽默、调皮而又温暖。Lisa 上课没有 PPT，但是她善于通过身体练习让大家掌握具身认知的技能，提升教练们普遍欠缺的体感。Lisa 在辅导的过程中会带着爱，即使打断你，也是以温柔而坚定的方式指出你需要提升的地方，而某个被她指出的点恰恰是被督导的同学最需要提升的点。

二、"盗取教练之火"的 Lisa

Lisa 既是 MCC，又是 ICF 认证体系考官、ICF 认证委员会成员。所以，与其他教练书籍不同，在她的这本书中，Lisa 得到了 ICF 的许可，基于 ICF 考核官的训练经验，Lisa 将带你进入考核官的大脑，看一下你的考核官将如何运用

PCC评估指标，让你可以根据考核标准在教练过程中进行针对性的练习，这对于你通过PCC考试具有非常大的实战帮助。此外，Lisa老师在书中详细阐述了教练录音的注意事项以及教练知识评估测试（CKA）的实战经验，这些也是备考PCC的重要知识。

三、教练界的"乌龟大师"

在电影《功夫熊猫》中，乌龟大师（Master Oogway）对于任何事都可以做到波澜不惊、心静如水，具有无穷的力量和智慧，并指导熊猫阿宝成为神龙大侠。Lisa就是教练界的"乌龟大师"，指导大家从道和术的方面进行修炼，逐步成长为MCC。

在本书中，Lisa阐释PCC评估指标3.4（教练与客户合作，确定客户认为他们需要探讨什么问题才能达到他们想在会谈中实现的目标）时，她认为在PCC的考核中几乎未遇到在评估指标3.4这一项上做得很好的教练过程，甚至是完全缺失的。但是当你真正询问客户他希望为实现教练成果需要讨论什么时，教练对象会决定如何朝着他需要的结果进行教练，教练对象就会承担起更多的工作。Lisa认为，达成评估指标3.4是迈向大师级教练的重要一步。我起初对这个说法是将信将疑的，但是当我真正在教练实践中应用到这一条的时候，教练的主动权就交到了教练对象手中，更好地支持到了教练对象，自己也更加轻松，我终于体会到了这个说法是无比正确的。

接下来，让我们跟随 Lisa 的脚步，一起走过 PCC，一起徜徉在通向 MCC 的道路上！

吉崇星
国际教练联合会认证大师级教练
新希望六和股份有限公司首席领导力教练

推荐序五

用生命影响生命

得知大爱的 Lisa 老师的新书《专业级教练（PCC）认证指南》就要出版了，好激动！收到试读版的第一时间，我就迫不及待地一口气读完了。感觉上一版的很多经典内容在新版中被保留了下来，同时根据 ICF 新的核心能力又做了很多的添加，一些晦涩难懂的核心能力描述在书里有了很多生动的举例，从而让读者可以更加具象化地理解它们。

第一次读这本书的第一版还是在 2017 年。为什么说是第一次呢？因为后来我又读了很多很多次，把书都翻烂了。我妈还很好奇地问我："什么书啊，当宝贝似的，天天捧着看，高考也没见你这么努力啊？"我笑而不语。那时候刚刚上完 Lisa 和佐然大师主讲的"进化教练"课程。学过教练的同学肯定都懂，那时有那种怀里揣了一把金锤子，满眼都是钉子的感觉。

但作为一名教练小白，虽然课堂上听得如痴如醉，但知易行难——课后练习卡点不断。这本书就是我的随身老师。虽然它是一本 PCC 的认证手册，但是并不死板的教条，不仅脉络清晰、通俗易懂，而且在一些容易混淆的细节上有很多教练对话示范，能让我迅速地掌握教练核心能力的要点。每当遇到教练对话的卡点，我就会翻一翻这本书，每次都能有醍醐灌顶的感悟。这本书助力我成了一名 PCC 专业教练，从此我踏上了一条喜悦的职业教练之路。

从 2017 年到 2024 年，七年间一路跟随 Lisa 老师从教练小白走到了 MCC。Lisa 老师对我最大的影响是她让我看见了相信的力量，明白了什么是真实。记得在 MCC1 班的课堂上，她问了我们一个问题："相信自己一定可以成为 MCC，你会给这个相信打几分？"这个问题成为我在 MCC 路上一直拷问自己的问题。相信相信的力量，教练有多相信自己就有多相信客户。

历经两年，积累了 150 个备考录音后，我正式提交了自己的 MCC 口试录音。这时候我告诉自己，此刻我完全可以做到。Lisa 用自己真实的故事，破除了我在追求完美上的假想敌。她让我看到了一个不完美但真实勇敢、坚定喜悦地走在自己的路上的人，而不是神。这让我更有信心去相信自己也可以成为像她那样的人。但是她告诉我:"你不必成为我,你可以成为你自己。"我是教练技术的终身受益者,感恩生命中的这些教练导师,你们活出了自己的生命之光,而我借助你们的光,看见了自己!

这七年来,我也把教练带给了我所在的组织,有很多HR和管理者也因为教练而受益。很多次在我进行教练对话的时候,我仿佛都能感受到Lisa眼睛里的光,她指引我看到更多的善良和相信的力量,让我可以在客户的世界里和他们温暖相遇。我也看到身边越来越多的人在致力于构建有生命力的组织,带着爱把有温度的服务送到更多的客户身边。

来吧,和我做同学,成为教练,成为自己,成为一道光,用生命影响生命,一起走在喜悦的路上!

王艺萍

国际教练联合会认证大师级教练

世界 500 强公司组织教练 / 高管教练

中欧国际工商学院特聘导师

创问
Create Coach
7. 唤起觉察
5. 保持当下和同在
4. 培养信任和安全感
6. 积极聆听
8. 促进客户成长
2. 体现教练心智
3. 建立和维护教练合约
SARA
1. 展现职业道德操守

第一部分
背景介绍

- 欢迎使用《专业级教练（PCC）认证指南》：奠定大师级的基础
- 成为 ICF 的一名 PCC
- 核心教练能力：通向变革性的真正的教练技术的旅程
- 进入考核官的大脑：你的考核官将如何运用 PCC 评估指标
- 关于准备你的教练会谈录音的一些建议

欢迎使用《专业级教练（PCC）认证指南》：奠定大师级的基础

我怀着极大的兴奋与大家分享这本书。此书最初的版本于2017年出版,已在世界范围内拥有大量的读者。我很高兴收到来自个人和学习小组的许多照片和信息:告诉我他们是多么喜欢这本书,它对他们的教练工作有多么大的帮助,他们是多么喜欢和其他教练一起学习这本书的内容。

我还惊喜地听到,它对教练的自尊产生了影响——它既培养了能力,又增添了信心——这使他们更乐意作为独立教练或内部教练为人们提供教练服务。

世界急需教练。在为全球的变革者赋能方面,教练技术发挥着巨大的作用。我们需要企业等组织中有担当的领导者,让他们充分发挥自己的力量,在自己的组织中以及其所影响的社区中,展现包容性、多样性、关爱地球的价值观和对他人的尊重。

我们需要支持具有社会意识和文化使命感的企业家自觉行动,并发挥他们作为组织、行业或服务领域领导者的力量。

教师们需要得到支持,以培养新一代的年轻人,让他们不仅拥有知识,还拥有沟通技巧、建立人际关系的能力、创业精神和领导力。

在当今这个充满挑战的世界里,父母们既要照顾孩子,又要非常努力地维持收入、人际关系和自己的幸福。他们应该拥有空间去对自我、为人父母之道和自我关爱进行探索。

这些人,还有许多其他的人都可以从我们的教练技术中获益良多。这本书关注的是教练能力，而教练能力恰恰是教练拼图中的一块。整个画面是广阔的、强大的、能改变世界的。我们的教练技术是这一愿景的基础。这些还不够——我们必须准备好提升自己，担负起我们的个人使命，分享我们的工作潜能，准备好把教练变成一种真正的职业，这样我们才能持续下去——但如果没有出色的教练技术，我们的影响力就会受到很大的限制。

自从我创作了最初的版本以来，ICF 更新了他们的核心教练能力框架，并随之更新了 ACC 和 MCC 认证的最低标准，以及 PCC 的评估指标。[1]

这本书旨在帮助读者在 ICF 的核心教练能力方面深入成长到 PCC 水平。所有三个认证级别都建立在相同的关键技术之上。从 ACC 到 PCC 再到 MCC，这个旅程就是一个不断深化这些关键技术的过程（我将在后文有关核心教练能力的内容中对此详加说明）。

这些关键技术将在后文核心教练能力 3～8 中进行描述。

---

[1] 文中常出现的英文缩略词的中英文对照如下，为便于阅读，后续正文中一般采用英文缩略词的形式：
ACC，Associate Certified Coach，助理级教练；
PCC，Professional Certified Coach，专业级教练；
MCC，Master Certified Coach，大师级教练；
ICF，International Coaching Federation，国际教练联合会。

我喜欢它们的一点是，每项核心教练能力对应的关键技术在所有认证级别中都是一致的，只不过随着我们从 ACC 成长为 PCC 再到 MCC，这些技术的运用水平在不断变化。这意味着我们可以看到从 ACC 到 MCC 整个旅程的美妙。

在本书中，我们除了会探讨每项核心教练能力（3～8）的关键技术，还会具体说明它们在 PCC 级别如何被评估。关于探索每项能力的整个成长旅程，我另有一些其他的课程。

本书不是关于教练的入门教材——它能够指导你为 ICF 的 PCC 考试做好准备，并且为你成长为 MCC 铺平道路。它的目的是为你的教练生涯奠定坚实的基础，让你的客户更多地受益，为你的教练工作带来更多的愉悦体验，这样你就能够觉察并衡量自己在教练事业上的成长。

本书将带领你逐项学习 ICF 的核心教练能力，并且明确地说明 PCC 考核官针对每一项能力的聆听要点。它带你"进入考核官的大脑"，并且阐明在影响你的教练对象并进而影响 PCC 考试通过方面，最重要的是什么。

本书并不仅仅解释各项能力或技术的最低标准。本书将帮助认证申请者们顺利通过 PCC 考试，同时，它将缩短我们成为 MCC 的旅程。不论你正在为哪个级别的认证而努力，从 ACC 认证到 MCC 认证，本书都将有助于你规划成功之旅。在我指导 MCC 认证申请者的时候，我总是从加深大家对 PCC 评估指标的理解和运用入手，因为这些指标组合成了极好的跳板，有助于真正地说明各项能力的实质以及中级水平的技术和思维模式，从这里入手能够更顺利地跃升至大师级教练水准。

人们经常对认证系统提出这样一种批评：如果按照核心教练能力开展教练工作，会在某种程度上把某人变成一个"俗套的教练"——一个遵循程序、刻板教条地开展教练会谈的人。这种批评是毫无根据的——事实上，你的PCC考核官留意的迹象恰恰与之相反！他们从你的教练过程中寻找从容、放松和灵活等迹象——这样一些迹象表明你正在从教练对象那里获取信息，并且在根据你听到的内容做出某种调整，去支持教练对象实现转变和突破。

我们越是这样做，越是真正以教练对象为中心，我们就越能支持他们通过自己的思考过程，通过他们自己的发现之旅，获得他们最好的领悟和最具影响力的行动。

我已尽我所能将25年的教练经验、教练指导和评估经验以及许多关爱浓缩于此书中，但是它并不艰深晦涩，而是对核心教练能力删繁就简，帮助读者们轻松地通过PCC考试。

阅读这本《专业级教练（PCC）认证指南》，就像是在与我进行一次指导会谈——它融汇了我做过的数千小时的教练指导和我从接受指导的教练那里最常听到的问题。本书的写作采用了我惯用的对话风格。有人说我写的教练培训手册读起来轻松愉悦，就像是在听我说话。因此，我尽量保留了这种口语风格。

请记住，在这里我并没有试图给任何人讲授教练的入门知识。阅读本书的前提是你已经接受了一定程度的教练培训并且愿意进一步提高教练技术——无论你是否准备参加 PCC 考试——愿意成为对你的教练对象和世界更有影响力的变革性教练。如果你还没有达到这个要求，却又非常渴望参加教练培训课程的话，那么请考虑加入我和我优秀的培训团队，参加"进化教练培训课程"。你可以在 www.cccoach.cn 或微信公众号"创问教练中心"上找到在中国培训的详细信息，或在 www.lisawynn.com 上找到世界其他地区的培训信息，这样我们就能一起开始教练培训的旅程了！

当下的世界需要我们所有人，我很荣幸能在这段旅程中成为你的伙伴。请保持联系，让我知道进展如何。在中国，你可以通过微信与我联系，或者也可以在 Instagram@legacycreationcoach 上找到我。

祝你们在教练工作中开心快乐！希望听到你们的成功！

向你们致以无尽的爱和感谢！

丽莎·韦恩

大师级教练（MCC）

精神财富创造者

成为 ICF 的一名 PCC

教练实践的过程，
是我们更成为我们自己"的过程。

人们经常会问我:"为什么选择ICF?与其他能力框架和教练团体相比,它有什么独特之处?"对我来说很简单,我认为ICF是最棒的!当然这只是我的看法,而且我完全同意可能存在我所不知道的更好的选择。ICF之所以赢得我的青睐,是因为这个组织的持久以及其制定的核心教练能力框架。ICF已经存在了很长的时间,基于其自身经验及诸多成员的智慧而形成了被我视为"金科玉律"的教练认证系统。这些系统紧跟时代步伐,对核心教练能力做出了更新,体现出近年来教练行业的变化。

ICF是独立的组织,并不参与教练培训课程的推销活动。和单个教练要接受的测试一样,教练培训课程必须通过的认证程序也是非常严格的。不过我对ICF最欣赏的一点是那些清晰界定的教练认证级别——ACC、PCC和MCC——这意味着教练们有极好的机会去规划自己的成长。每个级别都必须通过严格的同行评估程序,这一点往往是世界上同类机构所缺乏的。

取得一项ICF认证,将向你自己、你的客户和世界证明:你对教练事业是认真的,你关心你所提供的服务的质量,而且你已经踏上了个人职业成长的旅途。这些不同级别的ICF认证系统带领你走上职业成长之旅,同时也走上自我发现之旅。

PCC认证意味着你已经完成了至少500小时的教练实践和至少125小时的教练专项培训。这是很棒的一个成就,显示出真正的献身教练事业的决心。每一项认证都要求有最低数量的培训、指导、经验和技术水平。相关数量要求随着时间的推移有所变动,所以必须随时登录 ICF 的网站去查看最新的要求。

我没有尝试把申请认证的具体细节加进来,因为认证系统一直在发展变化,等到你读这本书的时候可能又会有新的变动。我将专注于通过考试所需要的一应综合技能!请访问 www.coachingfederation.org 了解最新的申请细节。

PCC 认证申请的评估部分目前包括三个环节:

(1)对你的培训、指导和工作经历等证明文件的审核;
(2)对两次时长 30 ~ 60 分钟的教练会谈录音的评估;
(3)一次名为"ICF 资格考试"的线上选择题测试。

如果你通读本书后能深刻领会其中所传授的教学内容,你将为第二个环节做好充分的准备,同时在第三个环节也能获得很大的帮助。请注意,在线考试要求你对所有核心教练能力有深入的理解,而涵盖所有这些内容将超出本书的范围。如果你已经持有 ACC,那么你将不需要参加在线考试,除非你考试的版本已经被更新。如果你觉得在这些方面需要更多的支持,请联系我们,我们会为你提供适当的资源或培训。

如果你对本书的内容有任何具体的疑问,你可以访问网页 www.lisawynn.com/coachmastery_faqs，上面有常见问题（FAQs）回答。请注意，我将无法回答有关你申请过程的个人问题（这些问题，请前往 ICF 网站 www.coachfederation.org 查看），但我将尽力回答有关本书内容的各种问题。

想要申请 PCC 证书，你需要完成 125 小时的教练专项培训、500 小时的教练实践和 10 小时的来自一名 PCC 或 MCC 的个人督导。如果你需要获得教练培训或督导时长，或者需要通过业务督导来达到所需的教练实践小时数，请关注"创问教练中心"微信公众号或网址：www.cccoach.cn。更多需求请联系：hello@lisawynn.com。

核心教练能力：
通向变革性的真正的教练技术的旅程

我在前面提到过，在一些教练圈子里存在着对核心教练能力的错误认识——认为它们在某种程度上是限制性的和规定性的，局限了可供人们选择的教练方式的种类。事实绝非如此。核心教练能力最初是由一群教练导师创建的，他们来自不同的组织和背景，决定坐在一起探讨他们共同的理论基石。他们商讨了最佳的做法并形成了最初的核心教练能力。

这些能力经历了若干发展阶段，直至现在形成了清晰界定的认证级别，并描述了每个级别在每项能力上的通过标准。如你所知，整个框架现在已经更新了。许多教练培训机构采取固定的，也可以说是教条的教练培训方法，而ICF则一直努力确保PCC考试评估方式将教条和成见排除在外。你应该自由地选择一种真实、自然的教练方式，以核心教练能力作为你的教练根基，同时将你作为教练的独特本质带到教练会谈中。

为了在这方面给你提供支持，我们将首先聚焦于PCC级别的核心教练能力，我将引领你逐条学习PCC评估指标，以便使你真正理解它们的意思以及每一条标准的潜在含义。PCC评估指标是PCC考试成功的尺度。

PCC评估指标并不是为教练们准备的某种秘诀或一览表。但它们的确是很棒的培训和复习资源——在你参加PCC考试之前，你必须理解它们，并把它们以恰当的方式全部融入你的教练工作。

核心教练能力和PCC评估指标在ICF网站上可以找到,但为了方便起见,我把它们列在下面。

更新的ICF核心教练能力范本(2019年11月)

A. 基础

1. 展现职业道德操守

定义:理解并一贯地遵循教练职业道德和教练标准。

(1)在与客户、资助人和利益相关者交往中展现个人的正直和诚实。

(2)对客户的身份、生活环境、经历、价值观和信仰等保持敏感。

(3)运用恰当的语言,体现出对客户、资助人和利益相关者的尊重。

(4)遵守ICF职业道德操守,拥护其核心价值观。

(5)遵照利益相关方的合约和相关法律对客户信息保密。

(6)保持教练工作和咨询、心理治疗及其他支持型职业的区分。

(7)在适当的时候把客户推荐给其他支持型职业的专业人士。

2. 体现教练心智

定义：培养并保持开放的、好奇的、灵活的、以客户为中心的心智。

（1）认可客户对他们自己的选择负责。

（2）投入持续的教练学习和教练成长。

（3）培养持续的反思行为以提升个人的教练工作。

（4）觉察并接受环境和文化对自己及他人产生的影响。

（5）运用自我觉察和直觉让客户受益。

（6）培养并保持控制个人情绪的能力。

（7）在精神上和情绪上为教练会谈做好准备。

（8）在必要时向外在资源寻求帮助。

B. 合作创建教练关系

3. 建立和维护教练合约

定义：与客户和利益相关者合作创建关于教练关系、过程、计划和目标的清晰的合约。为总体教练安排及每一次教练会谈建立合约。

（1）向客户和利益相关者说明教练工作是什么和不是什么，并且描述教练过程。

（2）关于在教练关系中什么是恰当的、什么是不恰当的，会提供什么、不会提供什么，以及就客户和利益相关者的责任达成一致意见。

（3）就教练关系的指导方针和具体因素，比如后勤、费用、时间安排、持续时间、终止、保密和他人参与等等，达成一致意见。

（4）与客户和利益相关者合作创建总体的教练计划和目标。

（5）与客户合作确定客户和教练是否彼此适合。

（6）与客户合作找到或重新确认他们想要在会谈中实现的目标。

（7）与客户合作确定客户认为他们需要探讨或解决什么问题才能达到他们想要在会谈中实现的目标。

（8）与客户合作确定或重新确认客户想要在整个教练过程或单次的会谈中实现的目标有哪些衡量成功的标准。

（9）与客户合作管理会谈的时间和焦点。

（10）持续朝着客户期望的结果展开教练工作，除非客户改变方向。

（11）与客户合作以尊重这一教练体验的方式结束教练关系。

4. 培养信任和安全感

定义：与客户合作创建一个安全的、支持性的环境，从而使客户能够自由地分享。与客户保持互相尊重和信任的关系。

（1）做到在客户的生活背景下理解他们，这种背景包括他们的身份、生活环境、经历、价值观和信仰等。

（2）表现出尊重客户的身份、观点、风格和语言的态度，并使自己的教练方式适应客户。

（3）认可和尊重客户在教练过程中表现出的独特才能、洞见和努力。

（4）表现出对客户的支持、理解和关心。

（5）认可和支持客户表达情感、观点、忧虑、信念和建议等。

（6）展现自己的坦诚和透明度，以此来显露内心的脆弱处并与客户建立信任。

5. 保持当下和同在

定义：完全清醒地与客户同在当下，表现出开放、灵活、理智和自信的状态。

（1）保持对客户的关注、敏锐观察、情感共鸣和积极回应。

（2）在教练过程中表现出好奇。

（3）控制个人的情绪，以保持与客户同在当下。

（4）在教练过程中表现出应对客户强烈情绪的信心。

（5）自如地在未知的状态里开展工作。

（6）创造或留出用于沉默、停顿或思考的空间。

C. 有效地交流

6. 积极聆听

定义：关注客户在说什么和没说什么，以充分理解交流的内容在客户的生活背景中的意义，并支持客户的自我表达。

（1）考虑客户的背景、身份、生活环境、经历、价值观和信仰等，以更好地理解客户交流的内容。

（2）复述或总结客户交流的内容，以确保清晰和准确理解。

（3）当客户交流的内容有未尽之意时，及时发现并询问。

（4）留意、认可并探讨客户的情绪、能量变化、非语言暗示或其他行为。

（5）综合客户的话语、语调和肢体语言去判断所交流内容的完整意义。

（6）留意客户在多次会谈中表现出的行为倾向和情绪倾向，以识别重复的话题和模式。

7. 唤起觉察

定义：通过运用各种工具和技巧，比如强有力的发问、沉默、隐喻或类比等，去促进客户领悟和学习。

（1）在决定什么可能最管用时考虑客户的阅历。

（2）挑战客户，以此唤起其觉察或领悟。

（3）提出关于客户自身的发问，比如他们的思维方式、价值观、需求、渴望和信念等。

（4）通过提出问题来帮助客户拓展思维。

（5）邀请客户更多地分享他们当下的体验。

（6）留意到是什么在推动客户前进方面起作用。

（7）根据客户的需求调整教练方式。

（8）帮助客户发现那些会对目前和将来的行为模式、思维模式或情感模式产生影响的因素。

（9）邀请客户就他们如何才能前进及他们愿意或能够做什么这些问题做出思考和回答。

（10）支持客户形成新的视角和观点。

（11）分享观察、领悟和感受，但并不执着于它们的对错，这些分享有可能为客户创造新的学习机会。

D. 促进学习和成长

8. 促进客户成长

定义：与客户合作将学习和领悟转化为行动。在教练过程中提升客户的自主能力。

（1）与客户合作将新的觉察、领悟或学习整合进他们的世界观和行为。

（2）与客户合作去设计目标、行动和问责措施，这是对新学习的整合和拓展。

（3）在目标、行动和问责方式的设计中认可和支持客户的自主性。

（4）支持客户从确定的行动计划中发现潜在的结果或学习。

（5）邀请客户考虑如何前进，包括资源、支持和潜在的障碍等。

（6）与客户合作总结会谈中或会谈外的学习和领悟。

（7）庆祝客户的进步和成功。

（8）与客户合作结束会谈。

© 国际教练联合会（ICF）

更新的 PCC 评估指标

PCC 评估指标是用于评估 PCC 资质的行为指标。下面是有关 PCC 评估指标的完整内容。这些内容我们将在后面逐一详细讲解。

能力 1：展现职业道德操守

所有级别的教练都必须熟悉 ICF 职业道德操守及其应用。成功的 PCC 申请人将展现与 ICF 职业道德操守相一致的教练行为，并保持教练角色的一致性。

能力 2：体现教练心智

体现教练心智——一种开放的、好奇的、灵活的和以客户为中心的思维心智——是一个需要不断学习和发展的过程，应建立起反思的习惯并为每次会谈做准备。这些要素发生在教练的从业过程中，不可能在某一时刻被完全捕捉到。然而，这项能力的某些要素可能会在一次教练谈话中得到展现。这些特定行为通过以下 PCC 评估指标进行阐述和评估：4.1、4.3、4.4、5.1、5.2、5.3、5.4、6.1、6.5、7.1 和 7.5。

与其他核心教练能力一样，在该项能力上要达到 PCC 级别的表现和评价标准，这些评估指标的展现就需要达到最低的数量要求。该能力的所有要素也将在 ICF 认证的书面评估（教练知识评估）中进行评价。

能力 3：建立和维护教练合约

3.1 教练与客户合作找到或重新确认该客户想要在会谈中实现的目标。

3.2 教练与客户合作确定或重新确认客户想要在会谈中实现的目标有哪些衡量成功的标准。

3.3 教练询问或探索客户想要在会谈中实现的目标，什么是重要的或有意义的。

3.4 教练与客户合作确定客户认为他们需要探讨什么问题才能达到他们想要在会谈中实现的目标。

能力 4：培养信任和安全感

4.1 教练认可和尊重客户在教练过程中表现出的独特才能、洞见和努力。

4.2 教练表现出对客户的支持、理解和关心。

4.3 教练认可和支持客户表达情感、观点、忧虑、信念和建议等。

4.4 教练与客户合作，邀请客户对教练贡献的想法以任意一种方式做出回应，并且接受客户的回应。

能力 5：保持当下和同在

5.1 教练对客户的整个人做出回应。

5.2 在本次会谈的整个过程中，教练对客户想要完成的事情做出回应。

5.3 教练与客户合作，支持客户去选择本次会谈的主题。

5.4 教练表现出想要对客户了解更多的好奇心。

5.5 教练允许客户沉默、停顿或思考。

能力 6：积极聆听

6.1 教练的发问和评论是基于教练对客户本人及其处境的了解而量身打造的。

6.2 教练询问或探讨客户使用的词语。

6.3 教练询问或探讨客户的情感。

6.4 教练探讨客户的能量变化、非语言暗示或其他行为。

6.5 教练询问或探讨客户目前如何理解自己或他们的世界。

6.6 教练允许客户把话说完，除非有明确的教练目的才会打断客户。

6.7 教练简练地复述或总结客户交流的内容，以确保清晰和准确理解。

能力 7：唤起觉察

7.1 教练提出有关客户自身的问题，比如他们目前的思维方式、感受、价值观、需求、愿望、信念或行为等。

7.2 教练提出问题，帮助客户超越他们当前的思维或感受，以新的或扩展的思维方式或感受方式去探索自我。

7.3 教练提出问题，帮助客户超越他们当前的思维或感受，以新的或扩展的思维方式或感受方式去探索他们的处境。

7.4 教练提出问题，帮助客户超越他们当前的思维、感受或行为，去探索客户想要的结果。

7.5 教练分享观察、直觉、评论、想法或感受，但不执着于它们的对错，并通过语言或语调邀请客户对它们进行探索。

7.6 教练提出清晰、直接的问题，以开放式问题为主，一次提出一个问题，给客户思考、感受或反思的时间。

7.7 教练使用的语言总体上是清晰、准确的。

7.8 教练允许客户占用大部分交谈时间。

能力 8：促进客户成长

8.1 教练邀请或允许客户探索客户在本次会谈中的目标进展情况。

8.2 教练邀请客户陈述或探索在本次会谈中他们自身所获得的理解。

8.3 教练邀请客户陈述或探索他们在本次会谈中对他们的处境所获得的理解。

8.4 教练邀请客户思考他们将如何运用从本次会谈中学到的新东西。

8.5 教练与客户共创会谈后的思考、反思或行动。

8.6 教练与客户合作考虑如何前进,包括资源、支持或潜在障碍等。

8.7 教练与客户共创最适合他们的问责方式。

8.8 教练庆祝客户的进步和收获。

8.9 教练与客户合作以客户希望的方式结束本次会谈。

© 国际教练联合会(ICF)

进入考核官的大脑：
你的考核官将如何运用 PCC 评估指标

你的 PCC 考核官实际上将不会判定你是否通过了 PCC 考试。他们训练有素地寻找你体现或违背这些 PCC 评估指标的迹象,并把他们的评估结果提交给 ICF。他们的职责是查明你的表现在他们看来达到了哪些 PCC 评估指标。他们想要评估的是,你是否在总体上拥有某项指标所描述的技术并在多数情况下对它进行了恰当的运用。

让我们以评估指标 5.5 为例——"教练允许客户沉默、停顿或思考。"假如你偶尔过急地切入谈话,不过你注意到了你的这种行为并且表示了歉意,那么考核官就会知道你已经意识到给教练对象思考时间的重要性。假如你有一两次急于切入谈话却似乎对自己的这种行为毫无意识,但是在多数情况下你给了教练对象充足的时间去思考,那么总体而言,你的考核官很可能将认定你达到了这一指标。

但是,假如你频繁地切入谈话并且没有给教练对象思考的时间,那么考核官将认为有更多的迹象——"反面证据"——表明你违背而不是体现了这一指标,因此他们将不会给这一项打对钩。它会被标记为"没有遵守"。

同样,评估指标 7.4 指出:"教练提出问题,帮助客户超越他们当前的思维、感受或行为,去探索客户想要的结果。"如果你提出的一些问题是探索当前的思维,是在询问你的教练对象已经做出的思考,但你的大多数发问都是在探索潜在的新思维,那么"总的来说",你已经达到了这个指标。如果你的大多数发问都是探索已知的内容,那么"总的来说"你没有达到最低要求,这项指标将会是"没有遵守"。

在个别情况下某项评估指标没有真正的表现机会,这时候考核官可能会在"已遵守"一项上打钩。这是因为,在缺乏展示技术和知识的机会的情况下给教练扣分是不公平的。

我希望这能让你放心,你不必十全十美,但是你应该在大多数时间遵守大多数的评估指标!

我说的这些话绝非想要阻止你努力把所有的评估指标始终如一地展现出来!请记住,这些指标是为评估教练而设计的,但是评估教练的目的是确保教练对象能得到极好的教练服务。这就意味着这个评估程序所挑选的所有行为和状态都是为了最好地支持你的教练对象获得重要的成果和全新的觉察。因此,你展现出的指标越多,你作为一名教练就越有影响力。通过考试所需的确切评估指标数量是不公开的,但是只要专注于运用从本书所学到的东西,你就会轻松地达到最低要求。

本书将聚焦于为你澄清每一项评估指标要求的是什么以及考核官寻找的迹象是什么。我将先对每一项核心教练能力的实质做出简要的说明,然后我们将一一学习每一项评估指标,同时我将与你们分享把这项评估指标体现到教练实践中去的各种途径。我所给出的例子远非详尽无遗,而且它们也绝不应被生搬硬套地用于你的教练会谈或考试。实际上，任何显示教练在沿用某个套路的迹象对评估都是不利的。我给你们提供了一些具体的例子，目的是进一步说明对每一项评估指标做出的描述，并且起到抛砖引玉的作用。你的考核官是富有经验的教练，擅长聆听这些评估指标得到遵守的各种可能的方式；如果在展现评估指标时没有任何生搬硬套的痕迹，那就会给他们留下很好的印象。

你应该注意，不要为了通过这个考试而对你的可怜的教练对象生拉硬拽去达到一系列的评估指标！你要努力做到的是把这些评估指标以灵活的、动态的方式融合到一起。实际上，一些很好的教练干预会同时达到多个评估指标！

在最初的能力框架中，核心教练能力 1 没有 PCC 评估指标，但有两个不合格项。如果考核官有足够的证据对申请人勾选其中一个不合格项，那么该教练将不能通过录音考核，无论达到了多少 PCC 评估指标。

更新后的框架有两个合格项。它们代表相同的信息，尽管采用了相反的表达方式。你需要让这两个合格项都得到勾选才能通过。它们等同于该能力的最低标准：

- 教练必须展示与 ICF 职业道德操守相一致的教练行为；
- 他们必须保持教练角色的一致性。

关于 PCC 评估指标及考核官的聆听方式,你需要了解的另一个要点是,评估指标的运用必须是对教练对象在谈话中提供的信息做出的回应。换句话说,你的教练干预必须是根据你从教练对象那里听到或观察到的信息而为对方量身打造的。

例如,评估指标 4.1——"教练认可和尊重客户在教练过程中表现出的独特才能、洞见和努力。"——教练在这一点上必须采用某种方式真正地反映出教练对象在谈话中输入的信息。如果教练突然说"我认可你为进步而付出的努力",然而并没有说明他们认可的是哪一种努力,那么这种认可的力量就远远不如下面的这种方式:在听到教练对象付出勇气的时候,教练说:"我听到这件事让你付出了很大的勇气,我非常赞赏你的这种行为。"在第二个例子里,教练对教练对象所说的话做出了回应。

考核官想知道的是你能够把 PCC 评估指标以量身打造的方式运用于你的客户和你所听到的内容。如果你只是按照 PCC 评估指标去行动,但是却没有采用与积极聆听相关联的行动方式,那么该指标的运用就缺乏实质意义。

总之,你的教练会谈录音提交给 ICF 评估时,将接受至少两名训练有素的 PCC 考核官的聆听。他们各自聆听而且互不联系。他们分别寄给 ICF 一张清单,列出他们认为你达到的评估指标——如上所述,那些你在多数时间里总体而言表现得不错的评估指标。这两份独立的打分清单将被进行比对。如果它们在会谈录音是否达到PCC标准要求这个问题上意见一致，那么这些打分将被接受。如果两者之间存在分歧，那么就会有第三位考核官接受委托去聆听录音，而他们给出的结论将被视为裁决的依据。

在我看来，PCC考试追求严格的专业精神却并不苛求完美。它是缜密的，又是公平合理的。如果你通过了这项考试，你就可以确信你是在以专业的、有效的方式从事教练工作，而且你的客户将获益良多。如果你没有通过考试，你将收到反馈，从而知道如何准备下一次考试！

关于准备你的教练会谈录音的一些建议

至今我已经听过数千次教练会谈录音,而且多次耳闻目睹考核官商讨那些录音。下面是我对准备提交录音材料的一些建议。这里面既包括如何尽力提交在教练技术方面合格的教练会谈,还谈到如何为你的考核官和ICF提供帮助,以便使他们尽可能迅速又轻松地处理你的申请。

· 练习为教练会谈录音,以便你能习惯这种做法,然后检查那些录音材料并且选出最能体现PCC评估指标的两次。请记住,考核官审查的是你的技术,而不是教练对象的突破和觉察的水平。仅仅因为教练对象获得了新的觉察并不能证明你达到了评估指标。你要参照手头的评估指标去检查自己的录音,看看自己是否已达到了大多数的评估指标。

· 确保在录音中有充足的教练内容!有时候我会听到这样的会谈录音:20分钟过去了,教练对象依然在解释他们的话题。当然这可能对客户是有帮助的,但是:

(1)这也可能对他们并没有帮助。如果教练对象开始了长篇叙述,那么也许最好是打断他们(出于特定的教练目的),并且向他们说明:你不需要听到这些细节,但是如果讲述这些事情对他们有帮助的话,他们可以继续。

(2)要记住,这是一次教练考试。即使这次会谈对教练对象起到了很大的帮助,考核官也不可能给那些没有得到体现的评估指标打对钩。重新检查你的录音，要确保里面有足够的内容来自你自己，以便让考核官能够决定它们是否"已遵守"了这些评估指标。

•检查你的录音效果。效果不佳的录音将可能导致打分偏低，也可能会被直接寄回，导致你的认证程序推迟。

•不要把另一位教练作为你的教练对象来进行这次会谈，除非他们是长期的客户，因为这将不会被接受，并且这里面很可能会包含太多的自我教练。

提交与之前教练过的教练对象进行的一次会谈。最初的目标设定会谈将很难让你达到足够的评估指标。

•你的录音不能来自你的教练培训。要确保你录制的是真实的教练会谈。

•你必须提交一份一字不差的会谈笔录。考核官将在听你录音的时候参阅这份笔录。请注意关于会谈笔录的现行规则，因为它们会随着时间的推移而有所改变。它必须包含每次转换说话人的时间标记。我还会确保这些转换由两种声音清晰地表达。如果你提交的录音语言是ICF考核官听不懂的语言，那么你可以提交一份你的母语录音，同时提交一份高质量的、翻译清晰的英语笔录。一定要请专业人士完成翻译，因为糟糕的翻译很可能被退回给你要求改进，并且它会使考核官很难做出最好的评估。

- 会谈时间要求在20～60分钟之间,超过60分钟的录音将不会被聆听。不过我个人认为肯定要超过20分钟,因为在一个时间很短的会谈里要体现所有的评估指标是非常困难的。而且,在只有不足20分钟的情况下,教练往往会仓促行事,不可能有上佳表现。我会建议自己的学生以45分钟为目标,这样,如果会谈非常精彩,但有点超时,你仍然可以使用它。还有,它们一定不能被编辑。
- 记住,你的考核官只能对录音中的内容进行评估。我知道这听起来虽然是显而易见的,但是当你检查录音的时候,请确保里面没有任何内容会让考官感到困惑,或者听起来像是你在做出一些关于教练对象的假定。

这里列出的内容不可能包罗全部,因为不时会有变化,所以请务必查看ICF网站,了解关于录音和笔录的最新要求,并确保你发送的材料完全符合要求。

好了,以上是乏味的程序性内容!接下来的内容在我看来要有趣得多。让我们马上开始学习PCC评估指标!

第二部分
PCC 评估指标

- 展现职业道德操守
- 体现教练心智
- 建立和维护教练合约
- 培养信任和安全感
- 保持当下和同在
- 积极聆听
- 唤起觉察
- 促进客户成长

第二部分　PCC 评估指标

现在我将针对每一项能力与你们分享 ICF 对这项能力的定义以及与之相关联的 PCC 评估指标，然后我将详谈自己对每一项能力的认识。你们知道，本书的目的是为你们申请 PCC 提供帮助，因此我不得不对我汇总的材料的深度加以严格限制！我必须抵制的一个诱惑是想要把我对每项能力的一切了解都告诉你们，那将偏离本书的目标。这个目标始终是帮助你们从世上现有的浩繁的教练材料中开辟出一条道路，从而能够看清通过 PCC 认证的关键。这并不是贬低你曾经学过的任何其他东西，当然，所有那些东西对你通过 PCC 认证也会产生帮助。只不过人们一直希望我能写出这样一本书，来帮助大家准确地理解这个程序的具体要求。

我自己参加 PCC 考试是在 2003 年。虽然通过了考试，但是我并不确切地知道自己是如何做到的以及我接下来应该如何提升自己。我写这本书的期望是：

（1）你将顺利地通过 PCC 认证并且十分清楚你作为一名教练的优势；

（2）你还将知道在朝着大师级的方向成长时你需要继续学习、发展和关注哪些方面。

我们的目标不是将教练技术压缩到通过考试的最低标准——一种"刚好过杆"的水平，而是要理解每一项能力的实质和目的，并且领会各种关键行为和思维方式——它们将帮助你把各项能力的实质传递给你的教练对象。

请注意，虽然我得到 ICF 的许可并与你们以这种方式分享核心教练能力，但是关于它们的论述是基于我自己的理解和经验，当然还基于我作为 ICF 考核官的训练。凡是有 ICF© 标记的地方，都是我一字不差地分享的 ICF 放在网站上的内容和他们的评估信息。

我直接从 ICF 摘录的主要内容有：

- 核心教练能力描述；
- PCC 评估指标；
- 每项能力中评估的关键技术。

其余的都是我个人提供的我认为至为重要的内容。我指出这一点是因为我不想一直不停地说"在我看来"或"对我来说"，因为：

（1）这很乏味；
（2）作为一名教练不停地说起自己可不是一个好习惯！

当然这一类表达肯定还是会出现的，那只是因为我想要绝对清楚地表明：我是在与你们交流我的想法，而且我绝不是在代表 ICF 发言或者在转发他们制定的在 PCC 评估指标之外的一些具体准则。

话说到这里，让我们开始吧！

A. 基 础

核心教练能力 1：
展现职业道德操守

核心教练能力：

定义：理解并一贯地遵循教练职业道德操守和教练标准。

（1）在与客户、资助人和利益相关者交往中展现个人的正直和诚实。

（2）对客户的身份、生活环境、经历、价值观和信仰等保持敏感。

（3）运用恰当的语言，体现出对客户、资助人和利益相关者的尊重。

（4）遵守 ICF 职业道德操守，拥护其核心价值观。

（5）遵照利益相关方的合约和相关法律，对客户信息保密。

（6）保持教练工作和咨询、心理治疗及其他支持型职业的区分。

（7）在适当的时候把客户推荐给其他支持型职业的专业人士。

© 国际教练联合会（ICF）

> **展现职业道德操守的 PCC 评估指标：**
>
> 所有级别的教练都必须熟悉 ICF 职业道德操守及其应用。成功的 PCC 申请人将展现与 ICF 职业道德操守相一致的教练行为，并保持教练角色的一致性。
>
> © 国际教练联合会（ICF）

核心教练能力

我认为这项核心教练能力的实质是保护。可能它看上去像是一个消极的起点，但是我并不这样看。在古希腊时期，医生们宣誓遵守的"希波克拉底誓言"提到"首先不要去伤害"，我认为，作为教练，我们应该遵守这一条。避免造成伤害的关键是理解并待在教练工作的界限之内。

如果我们知道教练与咨询、治疗和教学之间的区别，我们就能保护我们的客户和我们自己。如果没有这些领域的必要技能，我们绝对不应该在教练会谈中滑入这些领域。因此，认识到这些界限，对我们的职业道德操守至关重要。

当然，许多咨询师、教师和治疗师都进入了教练领域。重要的是要认识到,当我们作为教练签约时,在合同期间进入另一种模式会被认为是违背职业道德的,即便你具备这种资格。因为你原本没有取得这样做的"知情同意"。

因此,这项能力的关键是教练的确是在进行教练而不是彻底转向另一项工作!这是你的考核官聆听的一项主要内容——你有没有保持教练角色的一致性?

处于这项能力中心的另一个要素是尊重。例如,这项能力坚决要求我们忠实地遵守道德操守规定:教练"在职业活动中不得非法歧视,包括对于年龄、人种、性别倾向、种族、性倾向、宗教、国籍或残障(方面的歧视)"。它还指明我们应该"承认并尊重他人的努力和贡献,只对自己创作的材料声明拥有权利"。

这样的例子还有很多,比如,坚决要求我们在调查方法上诚实透明,我们应该与教练对象(及他们的资助者,如果有必要的话)达成清晰、有约束力的协议。这一切都体现出一种对他人由衷的尊重,不论他们是教练对象、客户、竞争对手,还是任何其他在我们的工作事务中出现的人。这种由衷的尊重应该在这项能力中显现出来,并且表现在你对教练对象使用的语言和教练方式中。去引导他们或者评判并纠正他们的回答,这都不是尊重。按照"进化教练"的说法,我们将教练对象视为一个富有创造力的天才——一个正在创造自己的现实,同时绝对有能力改变它的人——即使他们目前还没有意识到这一点。

真正地尊重你的教练对象，这样你就不会有指导或纠正他们的冲动！

合格项

这项能力没有 PCC 评估指标——它有两个<u>合格项</u>。如果你不符合这两项，你就通不过考试，不管你在其他的评估指标上表现如何。

这意味着从理论上说，你可能通过了其他所有能力的评估，却唯独因为这项能力的失败而得不到认证。实际上，一名教练在核心教练能力 1 上失败却在其他各项能力上合格，这种情况是极其罕见的。例如，一旦你在多数时间里陷入顾问模式，违背了第二个合格项，那么你在<u>培养信任和安全感</u>这一项上就很可能得低分，因为你是在引导教练对象，而不是允许他们充分表达。同样，在<u>唤起觉察</u>这一项上也不可能得高分，因为你很可能会有计划有目的地发问。诸如此类，不再赘述。

合格项内容

合格项 1：教练展示与 ICF 职业道德操守相一致的教练

行为。

合格项 2：保持教练角色的一致性。

让我们对这两项分别进行分析。

合格项 1：教练展示与 ICF 职业道德操守相一致的教练行为

想通过这一项就要认真阅读 ICF 职业道德操守，确保你理解这些规则的含义并知道如何应用它们。我建议你在教练生涯中经常做这件事。我自己仍然时常这么做，因为每次我这么做的时候，都能在我的教练工作以及市场推广和业务体系中看到一些自己需要完善的地方。这不仅仅是为了确保你不犯任何错误——它会给你和你的业务带来深远的影响。它还是 ICF 在线考试的必要准备。

请注意，两个合格项都不要求完美。例如，假设你未发觉一个不明显的职业道德问题，那并不会导致失败。如果你未发觉一个明显违反职业道德的问题，那肯定就不能通过考试。以下是一些可能导致失败的行为示例。

- 教练把大部分时间花费在过去的情感上。

作为教练，我们当然可能会发现我们需要在教练过程中探讨情感，而且有时候我们会选择去探讨从过去取得的经验教训。当这两件事同时发生并且教练把会谈的多数时间用在过去的情感上时,考核官将会认为这是违背该合格项的证据。如果谈话集中于尽力了解过去的强烈情感,或者过去的不幸事件对于现在的他们造成了多大的障碍,那么这名教练很可能会被认定已经滑入治疗模式。毫无疑问,如果教练致力于处理和治愈过去造成的内心创伤,考核官就会认为这在本质上更属于治疗。

为了避免这种情况,就要记住,教练技术不只是一种解决问题的手段,它还是发现和释放潜能的工具,也是帮助教练对象在生活中前进的工具。牢记这一点,我们就能很自然地聚焦于什么将要发生以及教练对象如何做好前进的准备,从而避免落入想要了解和/或解决过去问题的陷阱。

这种方法过于简化,但是作为起点非常奏效。在教练过程中了解过去是没有问题的,但是不要陷入治愈过去的困境之中。

· 教练没有听到或忽视了这样一种迹象,它表明教练对象可能需要咨询服务或某种形式的治疗,而不是教练服务。

如果教练对象在诉说一件本应引起教练警惕的事情,而教练好像没有听到,或者虽然听到了仍继续就原话题进行教练而没有提起这件事,那么考核官将认为这是违反道德操守的一种行为。如果有非常明确的迹象表明存在这样的行为，那么考核官很可能不会在该合格项一栏打对钩，即便这种行为仅仅发生了一次。如果有一种迹象暗示教练对象也许会从治疗中受益，但是这个迹象并不明显，那么 PCC 申请者将不会被要求必须注意到它。

让我举几个例子来说明这一点：

例 1

教练对象想要解决工作上的问题，但是他们对教练说连续几个月一直感到很忧郁，看不到丝毫希望并且经常忍不住哭泣，可是却不知道这是什么原因造成的。

如果教练听到了这一切却没有建议对方考虑心理治疗，那么他们就没有达到该合格项的要求。诊断抑郁症不是教练的工作，但是当一个问题有可能超出教练工作的界限及他们自己的职业专长时，他们绝对应该有能力去识别。

例 2

教练对象告诉教练她很害怕自己的丈夫，他不止一次动手打过她，现在她整天担心会被杀掉，不敢与他发生争执。

教练让教练对象谈谈她可以采用哪些方式与丈夫在这个问题上进行交流，却没有说起对可能发生的家庭暴力的任何担忧，也没有提到教练服务也许不是最好的或唯一的解决途径。在这种情况下，教练没有意识到对方的需要超出了教练职责的界限，因此没有达到该合格项。

例 3

教练对象告诉教练，她觉得自己总是对生活中不顺心的小事反应过激、大动肝火。她说自己知道这种反应不正常，但是似乎无法摆脱这个习惯。教练继续谈话，并没有询问教练对象是否需要教练之外的其他支持或者其过激反应的程度，而教练对象在谈话中的确表现出取得了一些进展的迹象。

以上案例中对心理咨询的需要并非显而易见。也许她去找心理医生探讨一下这种过激反应会有帮助，但是并不能肯定地说这样做是必须的。考核官在这种情况下将勾选该合格项。这个例子应该会让你放心，但是它也进一步促使你意识到谈起心理咨询的可能性。最好的做法是询问一下这种过激反应并查明它的性质以及教练对象是否认为教练服务能为她在这个问题上提供足够的帮助。心理治疗或某种愤怒情绪的管理可能会更适合，特别是如果她给自己的人际关系或工作前景造成了损害的话。

- **如何避免这种情况：**

改进你自己的直觉和自我价值感。教练必须明白：如何在他们想要帮助、他们认为应该有能力帮助、实际上他们有资格帮助之间划清界限！如果你对会谈话题感觉很不舒适，那么很可能它不在你的专长范围之内，不管它实际上是不是一个"教练话题"。如果你的自负或助人的愿望推着你向前，但你的直觉却有些担心，那么请相信你的直觉！

请记住，你的教练对象应该是"有创造力的、完整的、有资源的"。换句话说，如果对方过于情绪化以致不能正常生活，或者担心失去他们的生命或生计，那么你就需要考虑支持他们寻求超出你的能力范围的其他帮助。

合格项2：保持教练角色的一致性

这个合格项要求我们始终保持教练的角色，而不是治疗师、咨询师或教师的角色。进入各种其他角色在专业教练关系中被认为是违反职业道德操守的。（请注意，ICF很清楚你可以签订混合服务合同，比如同时提供教练服务和咨询服务。但是，各级认证是用来评估你的专业教练水平的，因此要求你知道如何把握两者之间的界限。）

同样，这里也不苛求完美。例如，假如你无意间进入咨询模式，但把大部分时间用在教练角色上，那么这是可以接受的。我建议你仔细听你的录音，确保把里面可能存在的这类问题降至最少。

下面举几个例子来说明这一点：

例1

教练的发问在形式上是"开放的"，但是包含着一个明确的导向。

在教练术语中，"开放性问题"是指那些鼓励教练对象给出比"是"或"不是"更宽泛的回答的问题。一般来说，这些问题包含"什么""如何"甚至"谁"和"何时"这一类的词。但是，教练完全有可能以形式上"开放的"问题去引导客户。教练可能会引导和/或影响教练对象朝着教练本人偏好的解决方案前进，尽管发问可能包含"什么"或"谁"这些词。明白这一点很重要——持续引导你的教练对象在行为操守上是不合格的！

教练可能会有意识或无意识地这样做。这里有一些我从教练那里听到的真实的例子：

教练对象：我很担心我的退休计划，我觉得它远远不够充分。我想要通过教练来帮助我制订退休计划。

教练：你会如何通过人力资源部找到提高退休金额度的办法？

教练对象：我和我父亲的关系走进了低谷。我很想及早改善我们的关系。

教练：你可以做些什么去把这个愿望告诉你的父亲并且和他开始积极的对话？

在这两个例子里，教练很明显已经在他们自己的头脑里想出了一个解决方案，并且引领着教练对象朝那个方向前进。我们是否认为这些解决方案是好的并不重要，重要的是教练对象没有得到信任去进行他们自己的思考。

上面的第二个例子来自我在一个很大的团体里观看的一次教练演示。在随后的学习汇报中大家都说教练在非指导性方面做得很棒——没有人注意到这个引导性问题，因为他们都认为和他的父亲谈一谈是一个非常好的想法。这位教练除了这一个错误之外其他表现都很棒，但是问题是整个谈话都开始聚焦于如何与他的父亲开展对话。在会谈结束时，教练对象不愿意承诺行动，观众们认为"那个教练对象太顽固了！"，实际上，那个教练对象非常愿意袒露自己的内心，并且去探索改善关系的途径——只是他并不确信和父亲谈话是他向前迈进的正确途径！

请注意，虽然你提出了几个这样的问题，但如果你的大多数问题都不是引导性的，那么考核官会在该合格项上勾选。我在这里谈这些是想引起你的觉察，因为我在教练身上看到的绝大多数引导性发问都是无意识的。

如果你的大多数发问里都有这些隐含的解决方案，那么该合格项将不会被勾选。

为了避免这种情况，请记住，你的教练对象是——用ICF的话来说——"有创造力的、有资源的、完整的"。在"进化教练"培训课程上，我们更进一步提出：所有人都是有创造力的天才！这些话的意思是，你的教练对象并不是要你去以某种方式修正或改善。每个人都有令人难以置信的能力去适应生活中极其艰难的境况，有时候这些适应行为本身会成为难以打破的阻碍性习惯。他们也是富有创造力的——想一想一个小孩子玩一个空盒子或者和朋友们演戏的情景，他们有非凡的想象力和创造力，而我们作为成年人往往已经失去了这些能力。

每个人都有改变世界的潜能，并且有足够的创造力去找到做这件事的方式。没有必要去引导或左右一个有创造力的天才,他们拥有所有的答案和潜能去改变世界!

因此,为了避免去引导,请记住把你的教练对象看作"有创造力的天才",或者如果你现在很难做到这一点,那么:

(1)先把他们看作是"有创造力的、有资源的、完整的";
(2)最好是加入我们的"进化教练"培训课程,我们将很快让你看到每个人的无限潜能。

例2
教练在提供建议——以直接的或者发问的方式。

有时候作为考核官或导师,你会听到教练说他们知道不应该提供建议,但是他们似乎无法控制自己!因此,他们会提出这样一个问题:"如果有人说'这样做不对,你应该如此这般做',那么你怎么看?"

这样的发问写在纸上一看就是明显的错误,令人很难相信这是一个真实的例子,但是我们的确听说过这一类的"帮助"经常发生。再说一遍,请记住我们是在教练一个有创造力的天才,他们是有创造力的、有资源的、完整的,不需要我们去评判这个人和/或他们的行动或者引导他们朝某个方向前进。

如何避免这种情况：听起来可能有点刺耳，如果你感觉想要引导他们或者向他们指出你认为错误的地方，请告诉你自己，你没有信任你的教练对象！要学会相信你的教练对象，相信他们在属于他们自己的话题方面，一定是最好的专家，能够做出他们自己最好的思考。

同样，你的考核官寻找的主要是你的"持续"行为。如果PCC申请者只是偶尔表现出一些引导性，那么考核官将会在该合格项上打钩。如果教练谈话的大部分内容都是引导教练对象去往一个或几个固定的答案，那么考核官将别无选择，只能判定你不合格。

请注意，这并不是说有一点引导性是可以接受的！这里所说的是：只有在拥有了大量的经验和技能之后才能完全避免引导教练对象；在拥有了500小时的教练经验之后，教练可能依然没有达到相应的技术水平；他们不应该仅仅因为这一点遗留的问题而得不到PCC认证。我们渴望的目标永远是要做到完全非指导性并能够与你的教练对象并肩前进，支持他们做出他们自己的决定，并且帮助他们做出他们自己最好的思考，而从不引导他们朝着你头脑中的想法前进，或者允许你头脑中存在的担忧和评判进入你们的谈话。

ICF在这项核心教练能力上没有规定各个级别之间的具体

差别。他们在网站上这样说：

> 所有级别的教练都必须熟悉ICF职业道德操守及其应用，任何级别的ICF认证，都要求教练表现出强烈的职业道德意识，其评估标准大致相同。

所有级别都必须达到这一最低标准，即坚持教练模式，而不是指导、建议或者显示出任何形式的不尊重。所有的认证申请人——以及所有的教练——都应当能够明确表述教练和其他职业之间的差别，而且应该自始至终运用教练的方法。如果教练主要是集中于询问和解释（而不是告知），并且谈话主要是关于现在和将来的，那么这项能力就会合格。

学习要点

　　这里的关键是始终如一地扮演教练的角色，并且非常清楚教练与咨询、治疗和教学之间的界限。

　　要记住，真正的尊重意味着接受教练对象所说的话和他们的思维方式。当你愿意把教练对象看作是有创造力的天才时，那种想要引导他们的冲动就会消失。

　　帮助你的教练对象从过去吸取教训，这是允许的，但是不要长时间停留在过去的情感上，或者去处理以前的心理创伤。

　　相信你的直觉——如果你的直觉告诉你不要教练某个人，那么它很可能是正确的。

核心教练能力 2：
体现教练心智

> **核心教练能力：**
>
> 定义：培养并保持开放的、好奇的、灵活的、以客户为中心的心智。
>
> （1）认可客户对他们自己的选择负责。
>
> （2）投入持续的教练学习和教练成长。
>
> （3）培养持续的反思行为以提升个人的教练工作。
>
> （4）觉察并接受环境和文化对自己及他人产生的影响。
>
> （5）运用自我觉察和直觉让客户受益。
>
> （6）培养并保持控制个人情绪的能力。
>
> （7）在精神上和情绪上为教练会谈做好准备。
>
> （8）在必要时向外在资源寻求帮助。
>
> Ⓒ 国际教练联合会（ICF）

> **体现教练心智的 PCC 评估指标：**
>
> 体现教练心智——一种开放的、好奇的、灵活的和以客户为中心的心智——是一个需要不断学习和发展的过程，应建立起反思的习惯并为每次会谈做准备。这些

要素发生在教练的从业过程中,不可能在某一时刻被完全捕捉到。然而,这项能力的某些要素可能会在一次教练谈话中得到展现。这些特定行为通过以下 PCC 评估指标进行阐述和评估:4.1、4.3、4.4、5.1、5.2、5.3、5.4、6.1、6.5、7.1 和 7.5。

© 国际教练联合会(ICF)

核心教练能力

这项能力是 2019 年核心教练能力框架更新的一部分,被 ICF 描述为"教练从业人员的基本能力,主要关注教练的'状态'"。它在很大程度上是关于教练会谈幕后发生的准备行为,因此不容易通过聆听教练会谈来进行评估。

它汇集了教练"存在方式"的一系列要素,这些要素有可能会提高教练技术的运用水平,但它们在教练会谈中是不可见的。例如,"投入持续的教练学习和教练成长"。如果有意识地、持续地这样做,就会让教练在工作中有更好的"状态"。这一点无法在会谈中被评估,因为考核官难以判断教练的表现是这一行为的结果还是来自比如说天赋。因此，这项能力的大部分是在 ICF 认证的在线考试中评估的。

ICF 列出了以下评估指标，作为这项能力的某些要素被展现的方式，并借此对教练会谈录音进行评估：

> **来自核心教练能力 4：培养信任和安全感**
>
> 评估指标 4.1　教练认可和尊重客户在教练过程中表现出的独特才能、洞见和努力。
>
> 评估指标 4.3　教练认可和支持客户表达情感、观点、忧虑、信念和建议等。
>
> 评估指标 4.4　教练与客户合作，邀请客户对教练贡献的想法以任意一种方式做出回应，并且接受客户的回应。
>
> **来自核心教练能力 5：保持当下和同在**
>
> 评估指标 5.1　教练对客户的整个人做出回应。
>
> 评估指标 5.2　在本次会谈的整个过程中，教练对客户想要完成的事情做出回应。

评估指标 5.3　教练与客户合作，支持客户去选择本次会谈的主题。

评估指标 5.4　教练表现出想要对客户了解更多的好奇心。

来自核心教练能力 6：积极聆听

评估指标 6.1　教练的发问和评论是基于教练对客户本人及其处境的了解而量身打造的。

评估指标 6.5　教练询问或探讨客户目前如何理解自己或他们的世界。

来自核心教练能力 7：唤起觉察

评估指标 7.1　教练提出有关客户自身的问题，比如他们目前的思维方式、感受、价值观、需求、愿望、信仰或行为等。

评估指标 7.5　教练分享观察、直觉、评论、想法或感受，但不执着于它们的对错，并通过语言或语调邀请客户对它们进行探索。

©国际教练联合会（ICF）

我们将在相关的能力分组中分别解释上面的这些评估指标，现在让我们来看看这项能力的各个要素。

PCC 评估指标

2.1 认可客户对他们自己的选择负责

以客户为中心的原则是教练工作的核心支柱，它开始于最初关于教练是什么和不是什么的约定（能力1），再到建立会谈目标（能力3），贯穿每次会谈和整个教练关系。

它可以被明确声明，或者更常见的是在会谈中表现出来：教练为教练对象保留空间，让他们选择他们想要探索什么、他们想要如何探索，以及基于探索结果他们想要做什么。

2.2 投入持续的教练学习和教练成长

ICF 的证书都是可更新的，每3年需要40小时的职业发展经历。这些发展经历可能包括但不限于：

- ICF 认可的教练专项培训；
- 调查研究；
- 教练技术的传授；
- 自学，包括自己决定进度课程；

· 导师指导；

· 教练监督；

· 其他形式的培训，不是针对教练的，但有助于教练的个人或职业发展。

请注意，在更新 ACC 证书时，这 40 小时必须包括新的 10 小时导师指导。

2.3 培养持续的反思行为以提升个人的教练工作

反思行为这些年得到了更多的重视，包括个人或团体所接受的监督和指导。

它还包括收到对自己教练工作的评论和反馈，写日记，听自己的教练会谈录音，以及自我批评。

在这方面，我喜欢鼓励教练们深入探索并选择各种练习去提升他们的直觉、眼界、创造力、勇气、对新事物的开放态度以及自我实现的能力。

这些练习都能带来更流畅的自我感和更灵活的教练方式。

2.4 觉察并接受环境和文化对自己及他人产生的影响

这种觉察并接受环境和文化对自己及他人产生的影响在其他能力中也可以看到，例如：

- 在能力4中，认可和支持客户的表达；

- 在能力5中，对客户的整个人做出回应以及保持对客户的好奇心；

- 在能力6中，基于教练对客户本人及其处境的了解而量身打造语言和发问，对客户如何感知世界保持好奇。

这几个例子只是说明这个元素如何在实践中表现出来。但是如何培养这种觉察？在了解文化、世界动态以及保持开放、包容并减少评判等方面不断提升自己，这些都是重要的教练日常功课。

一名专业教练必须意识到他们自己的偏见，以及这些偏见可能在他们的教练工作中如何表现出来。

2.5 运用自我觉察和直觉让客户受益

这是一个非常吸引人的领域，可以包括教练对自己的直觉或感受的分享。只有通过不断尝试和校正，才能可靠地区分一个人的直觉和自我意识。我认为这是一项毕生的工作，发展直觉并拥有一系列的方法来利用身体告诉我们的信息。

这可能在教练谈话中明确表示出来，例如：

- 我有一种直觉……

- 在我听起来……
- 我感觉到的是……
- 我突然想到……

在这一点上,至关重要的是要直接而简洁地分享,不带评判或偏好。教练必须给教练对象留出回应的空间并接受教练对象的回答。可以通过语调,也可以通过话语来邀请教练对象做出回应。

2.6 培养并保持控制个人情绪的能力

这部分可以写成完整的一章(或者不如说,可以写成一本书)。我们在教练会谈时的表现取决于我们的世界观、我们的观点、我们的身体健康状况以及我们处理自己和教练对象情绪的能力。如果我们对别人的情绪应对自如,却不善于处理自己的情绪,那么在教练对象产生强烈的情绪反应时,我们会表现得过于冷漠,或者相反,受到对方的情绪感染而完全失控。

我们中的许多人因为害怕情绪上的后果而渴望避免所有的对抗,这就限制了我们作为教练的能力。在"进化教练"培训课程中,我们有一个完整的模块探讨这个问题,而且在整个课程中还有许多相关的学习内容。我们有一种方法,叫核心稳定性共修,它包括系统地处理我们生活中主要的情绪触发点,设法将触发点最小化,并在发觉情绪问题时及时恢复平衡(这总是可能做到的)。我们要求我们的教练从以下几个方面入手去改善情绪管理:

- 确定并减少我们在生活中将就的东西;
- 识别并满足我们的个人需求;
- 践行我们的价值观;
- 解决过去遗留的问题;
- 创造平衡的生命;
- 珍惜我们的身体;
- 创造财务从容。

想要了解有关核心稳定性课程的更多信息,请用前面的联系方式给我留言。

2.7 在精神上和情绪上为教练会谈做好准备

这里既需要规定的套路,又需要持续的练习。日复一日做出的自我改善是最有力量的,因为它设置了我们的情绪调节器,让我们能够以一种有意识的、可控制的方式灵活地改变当下的情绪。

开始一场会谈前,我们用来为实际会谈做准备的规定套路

是非常强大的,可能包括:

- 确保完成之前一个客户的会谈,放下那个客户的能量状态和会谈话题;
- 通过呼吸法、基础训练、赤脚行走、舞蹈、外出或任何你发现最适合你的方法为下一个会谈做好准备;
- 清理你的大脑空间,写下你头脑中牵挂的所有事情,并把它放在一边;
- 清理你的情绪空间,识别出你正处于其中的三种情绪,并将它们暂时搁置。

经常有人问我,一名教练是否可以在他们自己面临持续挑战的话题上去教练他人。我相信,如果我们能够审视这个话题,确定我们需要做的有针对性的工作,制订相应的计划,并认可自己取得的进展,那么是的,我们可以在这个方面进行教练。然而,如果这是一个深深触动我们的话题,并且/或者我们发现自己不愿意或无法面对它,那么我认为我们很难有效地对它进行教练。这就是定期接受教练、导师指导或监督是如此有效力的原因——有人帮助我们看到自我之外的东西,并培养我们对无意识空间的觉察。

2.8 在必要时向外在资源寻求帮助

教练工作是关于合作、接受支持和挑战的工作,目的是最大程度地发挥我们的潜力。不愿意这样做的教练将很难鼓励他们的客户放松并进入一个支持的空间。

能力2的所有其他要素把我们带到一种状态,这时我们感到做好了准备,达到了平衡,在情绪上和精神上都进入了工作状态。当情况并非如此时,我们要能够认识到这一点并相应地采取行动。

这些情况包括但不限于:

- 当我们感到无力应对一名客户并需要向导师或上级请教时;
- 当我们感觉教练关系或我们对它的反应有问题并想要向导师或上级请教时;
- 当我们在生活中遇到难题并需要某个方面的教练或导师帮助时;
- 当我们无法从情感上应对生活并需要相关支持时。

专业教练会意识到他们需要何种形式的帮助,并愿意及时得到正确的支持。

B. 合作创建教练关系

教练不受情绪影响，时刻保持无评判、好奇心。

核心教练能力 3：
建立和维护教练合约

核心教练能力：

定义：与客户和利益相关者合作创建关于教练关系、过程、计划和目标的清晰的合约。为总体教练安排及每一次教练会谈建立合约。

（1）向客户和利益相关者说明教练工作是什么和不是什么，并且描述教练过程。

（2）对于在教练关系中什么是恰当的、什么是不恰当的，会提供什么、不会提供什么，以及就客户和利益相关者的责任达成一致意见。

（3）就教练关系的指导方针和具体因素，比如后勤、费用、时间安排、持续时间、终止、保密和他人参与等等，达成一致意见。

（4）与客户和利益相关者合作创建总体的教练计划和目标。

（5）与客户合作确定客户和教练是否彼此适合。

（6）与客户合作找到或重新确认他们想要在会谈中实现的目标。

（7）与客户合作确定客户认为他们需要探讨或解决什么问题才能达到他们想要在会谈中实现的目标。

(8) 与客户合作确定或重新确认客户想要在整个教练过程或单次会谈中实现的目标有哪些衡量成功的标准。

(9) 与客户合作管理会谈的时间和焦点。

(10) 持续朝着客户的期望结果展开教练工作,除非客户改变方向。

(11) 与客户合作以尊重这一教练体验的方式结束教练关系。

© 国际教练联合会(ICF)

建立和维护教练合约的 PCC 评估指标:

3.1 教练与客户合作找到或重新确认该客户想要在会谈中实现的目标。

3.2 教练与客户合作确定或重新确认客户想要在会谈中实现的目标有哪些衡量成功的标准。

3.3 教练询问或探索客户想要在会谈中实现的目标,什么是重要的或有意义的。

3.4 教练与客户合作确定客户认为他们需要探讨什么问题才能达到他们想要在会谈中实现的目标。

© 国际教练联合会(ICF)

核心教练能力

这项能力包含三个关键的合约级别：

• 教练工作开始之前的最初约定。这可能只是你和教练对象之间的协议，也可能是包括多方利益相关者的合约，比如教练/教练对象/赞助人，或者（在与青少年一起工作时）教练/教练对象/父母。

• 会谈目标和教练计划的设定。同样，这可能涉及多个利益相关者。在这种情况下，通常会有一个最初的多方利益相关者合约，然后为教练对象留出空间去设定他们自己的目标，再设定教练计划。

• 在每次会谈开始时达成的教练合约，约定会谈结束时会有什么结果。为清晰起见，我将其称为教练会谈合约。

前两项不在会谈录音的范围之内，因为做好这些并同时进行一次展现 PCC 评估指标的教练会谈是不可能的，它们是在笔试中被评估的。

核心教练能力 3 的关键技术和 PCC 评估指标聚焦于教练会谈本身，并在你的会谈录音中进行评估。

老实说，我认为这是一项更具挑战性的能力，也是核心能力4～8取得成功的基础。如果做得好，教练会谈合约将整合许多其他能力，同时也为其他能力发挥更大的作用打下基础。

例如，要做好教练会谈合约，你将需要运用：

能力4：培养信任和安全感。如果教练对象在你们的关系中感觉不到信任，那么他们就不会十分坦诚。如果你并不完全信任教练对象，那么你就很难不怀成见地准确听到他们想要从会谈中得到什么，以及他们关于那个话题在说什么和没有说什么。你有可能会提前断定"这次会谈的目的是什么"，然后把这个假定当作会谈的目标，而不是让真正的潜在答案从谈话中显现。

能力6：积极聆听。为了听到教练对象想要从会谈中得到的结果的实质，这项能力是必需的。如果他们想要的是高水平的计划而不是大量行动细节，那么教练需要听到并赞赏这一点。如果教练对象想要的是新的觉察而不是去采取具体的行动，那么教练同样应该听到这一点。往往会有这种情况，教练在开始的时候听到了某些东西，然后他们就把它作为会谈的焦点紧抓不放，而没有意识到教练对象所说的那些东西只是更大蓝图的一部分。

能力7：唤起觉察。提出强有力的发问会帮助教练对象真正弄清楚关于这个话题什么对他们是重要的，他们想要达到什么目标，以及他们个人将如何成长等等。

以上列出的并非全部，不过希望它能说明这些核心教练能力如何协力支持你们共同创建一份强有力的教练会谈合约。

同样,一份有力的教练会谈合约会为你在其他能力上的成功奠定基础。例如:

(1)能力5:保持当下和同在。一个可靠的教练会谈合约能让我们与教练对象及他们想要实现的目标十分清醒地同在于当下。它使我们能够专注于需要关注的事情,并以最有力的方式做出回应。

(2)能力6:积极聆听。如果你确切地知道客户想要实现的目标,那么你的聆听将更容易捕捉到他们现在的心理状态、他们面临的处境以及某个处境的潜在可能性。这将有助于你识别在谈话中最需要挑战和探讨的是什么,并且使你能够觉察到教练对象关于目标说了什么和没说什么。

(3)能力7:唤起觉察。如果没有清晰的方向,你就不可能知道你的问题是否唤起了新的觉察,以及这种觉察是否与教练对象想要达到的目标有关。

和前面一样,以上列出的并不详尽,但是应该已经表明,没有一个很好的教练会谈合约,那就很难有PCC水平的整体教练表现!谈话很可能会变得艰难,因为没有明确约定的前进道路,而且考核官也无法判断教练对象是否得到了他们想要从会谈中获得的结果。教练对象有可能的确得到了某些结果,但是考核官将无法知晓那是否是教练对象真正想要的。

> **在"建立和维护教练合约"中评估的关键技术是:**
>
> (1) 为会谈创建的合约的清晰度和深度。
> (2) 在创建合约、确定衡量成功的标准和需要解决的问题方面,教练与客户的合作能力及合作的深度。
> (3) 教练在整个会谈过程中关注客户议题的能力。
>
> ⓒ 国际教练联合会(ICF)

PCC 评估指标实际上阐明了上述前两个关键技术的要求:

> 3.1 教练与客户合作找到或重新确认该客户想要在会谈中实现的目标。
>
> 3.2 教练与客户合作确定或重新确认客户想要在会谈中实现的目标有哪些衡量成功的标准。
>
> 3.3 教练询问或探索客户想要在会谈中实现的目标,什么是重要的或有意义的。
>
> 3.4 教练与客户合作确定客户认为他们需要探讨什么问题才能达成他们想要在会谈中实现的目标。

你可以清楚地看到，询问会谈的期望结果并坚持该结果并不足以生成该级别所要求的教练会谈合约。我们还需要：

· 以伙伴关系与教练对象合作创建他们想要在会谈结束时实现的目标（我称之为结果）；
· 以伙伴关系合作创建衡量该结果的成功标准；
· 探讨该结果对教练对象的意义；
· 以某种程度的伙伴关系来确定最有可能帮助教练对象获得约定结果的谈话范围（要探讨的问题）。

关键技术3"在整个会谈过程中关注客户的议题"不再直接在该能力中被评估，但将成为其他方面的评估要素。如果没有就商定的话题进行教练，那么它可能会在许多地方显现出来。

例如，它在以下几个地方特别重要：

评估指标5.2　在本次会谈的整个过程中，教练对客户想要完成的事情做出回应。

评估指标7.3　教练提出问题，帮助客户超越他们当前的思维或感受，以新的或扩展的思维方式或感受方式去探索他们的处境。

第二部分 PCC 评估指标

> 评估指标 8.1　教练邀请或允许客户探索客户在本次会谈中的目标进展情况。

PCC 评估指标并没有为教练合约建立一个特定的模式，它们可能会以不同的顺序或在谈话的不同阶段出现，但本教练会谈合约中的评估指标是一系列强有力的教练干预，将有助于确保教练会谈合约的以下目标得到实现：

·你和你的教练对象关于教练对象希望在会谈过程中发生的事情有完全一致的理解；

·你的教练对象有时间和空间去弄清楚他们在对话中真正想要关注的是什么；

·你们双方都明白你们将如何知道教练对象已经达到了他们想要的会谈目标；

·他们也知道他们为什么想要这个结果——更深层次的意义是什么，它将激励他们进入最有创造力的自我状态，这样他们就能够对话题做出最好的思考；

·你开始与教练对象建立伙伴关系；

·在会谈期间你有一个基准来进行检查，这样你就能知道你是否保持在正确的方向上，并在必要时进行调整。

教练培训课程一般都会讲到的内容是,假如教练会谈的期望结果在会谈中发生改变,那么回过头来重新确认新出现的结果并且按新的约定进行教练,这是没有问题的。这种说法当然是正确的,但是我想说,期望结果在会谈中"发生改变"的原因,往往是教练在进行第一阶段谈话时过于草率,他们没有给予教练对象思考的空间和时间让"真正的"结果在一开始就出现。如果你的教练会谈合约做得非常好,那么当你发现结果发生改变的时候,很可能实际上你正在使谈话更加深入,比如你在帮助教练对象接近他们真正想要的或者真正阻碍他们的东西。

因此,在教练会谈合约阶段不要过于匆忙,要相信这些教练指标存在的目的是为你的教练对象提供一次成功的教练会谈,而不是为你提供一个遵循的模式。经常有人问我通过PCC考试的要诀是什么,我总是说:从容地开始你的会谈,马上进入积极倾听,确保你的教练会谈合约准确到位。像大多数工作一样,在教练会谈合约阶段如果可以更多地在制订计划上投入时间,则意味着能更快地实施行动,那么接下来的会谈将会更流畅、更有力、更容易。

PCC 评估指标

PCC 评估指标是用来评估你的两次会谈录音的,所以它们在这里关注的具体要点是为录音的这次谈话设定议题。教练合约与第二项核心教练能力相关的其他方面会在 ICF 认证考试（ICE）里进行考核。

在 ICE 里你会被问到关于教练合约的问题。它可能包括保密、后勤、三方合约（例如在教练对象、人力主管和教练之间）以及对教练工作的界定等。

请注意，你不需要把这方面的内容展示在你的录音会谈中。在会谈录音里，为客户说明这次会谈的保密性略有不同，这是恰当又重要的，因为 ICF 考核官也将会听到这次谈话，而且在你和教练导师商讨使用哪一个会谈录音的时候，他们可能也会听到。但是，你不需要对教练工作是什么和不是什么等进行探讨——考核官将能够从你的教练会谈录音中判断你是否理解这一点！

请注意，评估指标的语言涉及的都是"在会谈中"发生的事情。这些评估指标要求教练会谈合约非常清晰地界定在会谈结束前将发生哪些事情。正是这种清晰将给教练谈话带来明确的目的，从而给予它力量。即使这个目的是"仅仅探讨"，它也将变得明确并且得到教练和教练对象的一致认可。

有时教练对象会在没有得到教练特别邀请的情况下提出评

估指标的内容。例如，教练对象可能会主动提出"我想确保在会谈结束时制订一个计划"或者"我将知道我已经准备好了，因为我将在谈话结束时感觉自己充满了力量。"请记住，如果发生这种情况后你只是接受它并转向其他问题，你将不会得到该评估指标的分数。

解决这个问题的方法是对它做出进一步探讨，这样你就会得到分数。（这也是在这种考核中不要让一名教练当你的教练对象的原因之一，因为他们往往会过度地帮助你，而实际上却可能让你在考试中失利！）

最后，在我们对这些指标逐个进行分析之前需要说明的是，时间的把握对它们是非常重要的。这四个评估指标为整个会谈的成功奠定了基础，因此需要在谈话中尽快让它们出现，才能发挥其应有的作用。如果在谈话的开始需要做一些探讨，因而教练会谈合约直到会谈开始后15分钟（比如说）才达成，这是可以接受的。如果达成时间距离会谈结束只剩下5到10分钟，那么这几乎肯定是太迟了，这些指标将不会得到加分。

评估指标 3.1 教练与客户合作找到或重新确认该客户想要在会谈中实现的目标

这个指标要求你询问会谈的话题和目标并帮助教练对象确

切地阐明那是什么。仅仅询问教练话题，然后接受一个模糊的目标，并且以这个不严格的约定为基础进行教练，这是远远不够的。许多教练对做好这件事有抵触心理，因为他们觉得这有点公式化或不自然。虽然有些教练并不抵触，但是会表面化地接受最初的回答，因为它看上去意思很明确。

感觉到时间限制的压力也可能影响这一指标——许多教练急于进入教练谈话，他们把这一步看作是"真正教练活动"的某种准备，而没有认识到它实际上是会谈中重要的不可缺少的一部分。在这里，教练对象想要实现的真正目标会出现和形成，从而带来激励、创造力和专注度！

如果做得好的话，就不会有遵循套路的感觉，而且会感觉所花费的时间像是一种投资，而不是走走形式。

围绕这一点的谈话在多数时间里可以采用教练对象的语言进行，并且可以出现在会谈的不同阶段，只要它有意义和有帮助。

支持该评估指标的几类教练干预迹象包括：

- 教练询问会谈的话题。
- 教练询问教练对象想要从会谈中获得的具体结果或目标。

- 教练向教练对象复述他们所说的期望结果。
- 如果期望结果没有清晰地表述,那么教练可以要求教练对象进一步阐明。
- 教练耐心地探讨期望结果,直到它被教练对象完全表述清晰。
- 教练核实教练对象的语言,确保双方的理解完全一致,而不是做出假定并向前推进。

下面的这些例子可以视为有效的教练干预迹象:

"那么今天你想要在哪方面进行教练?"

"我知道你非常急切地想要开始这次会谈。那么是什么让你急着做这件事呢?"

"我听到你说你想要探讨'团队发展'。请再跟我谈谈'团队发展'对你来说意味着什么?"

"关于这个话题,你今天想要重点关注的是什么?"

"你已经谈到这个话题的许多不同方面。我听你说到交流问题、后勤问题和缺少时间。那么为了取得进展,今天你想要具体探讨的是什么?"

"我们今天重点探讨这个话题的哪个方面会给你带来最

大的好处？"

"能不能请你大声说出你想要在会谈结束时实现的目标到底是什么？"

"我们今天会谈的理想的结果是什么？"

"你希望今天的会谈结束时在这个话题上取得什么进展？"

"这么说在这次会谈结束的时候，你想要针对如何把这个新项目至少提前一周完成制订出一个计划，是这样吗？"

教练应该能够清晰并措辞准确地把期望结果复述给教练对象，最好是用教练对象的语言。我自己的学生和同事经常笑话我，因为我总是坚持要求我们的学生把期望结果写下来，再围着它画一个圈儿（说实话，我其实还在继续这样做）。这是因为，如果你不能把它写出来，那么你——几乎可以肯定还有你的教练对象——就不会十分清楚约定好的期望结果到底是什么！这样做对接下来的会谈也很有帮助，而且有助于你与教练会谈合约的实质保持一致。

我每年会聆听数百次教练会谈，它们中只有极少数能够真正抓住教练对象想要实现的目标的实质并始终不渝地坚持它。例如，如果教练对象想要"真正地探讨抓住这次机遇对我来说意味着什么"，那么会谈就应该围绕着"探讨"来进行。

然而，在许多教练会谈中发生的情况是教练一心想要帮忙，以致他们最终探讨起教练对象可以采取哪些行动去抓住这次机遇。教练对象很可能会卡住，甚至有可能不合作，因为他们目前虽然愿意去探讨，却并不愿意采取具体的行动！因此，如果你把期望结果或约定写下来并且复述给教练对象进行核查，那么：

（1）你将知道你们对它非常明确地达成了一致；

（2）你将把它放在面前供会谈期间不时重提，确保你们一直朝着约定的目标前进，而不会在不经意间偏离方向！

请注意，你的考核官当然知道这种情况：有些教练对象对教练程序很熟悉，不等教练发问就直接说"今天的会谈我想要……"。这没有问题，只要你按照指标的要求帮助他们"找到或确认"想要在这次会谈中实现的结果就好了。但是，如果他们主动说出期望结果而你不经过进一步确认就接受了它，那么考核官就没有任何理由给你加分！这个例子也被用来印证我常听人们说起的一种观点：这些指标的存在只是为了评估教练们，在某种程度上它们限制着教练实践。

之所以要强调这项指标的重要性，是因为很多次在我给教练指出他们只是接受期望结果并继续会谈，而根本没有寻求进一步澄清或确认时，他们往往对我说："可是我已经听明白了。要是我还让客户做进一步探讨的话，那就显得太死板、教条了！"在几乎所有这样的事例中，达成的合约实际上都不够清晰，因而教练和教练对象难以保持协调一致。教练的直接假定——他们"听明白了"——限制了谈话的力量和深度。有时候教练对象可能并不确切地知道他们所说的话的含义，因此需要教练挑战他们给出更加明确的说明，以便他们对会谈方向将去往哪里获得更好的觉察。

比如，话题是"探讨职业规划"，教练感觉他们能理解这些术语并且很高兴在这方面进行教练，因而错过了机会去进一步探讨"职业规划"对教练对象意味着什么。在这里应该问清楚，关于"职业规划"，教练对象想重点探讨的是什么或者他们目前遇到的挑战是什么。

再比如，话题是"充分地发展我的团队"。这时教练需要帮助教练对象去界定他们所说的"充分地发展"是什么意思。

还要注意，这项能力是关于在会谈结束之前发生什么，所以期望结果应该是在会谈结束时可以实现的。我经常听到双方约定类似这样的期望结果，"与我的老板建立良好的关系"，但是在老板不在场的情况下，这实际上不可能在会谈结束时实现。在会谈结束时能够实现的目标可能是与他们的老板建立良好关系的一个行动计划。或者他们可以想出改变自己对老板看法的5种途径。请注意,这并不是说要去评判——我们教导自己的学生不要去评判期望结果是否是可能的或现实的,那要由教练对象做出判断。但是这次会谈的期望结果仅限于这次会谈,所以关键是他们感觉在这次会谈里什么是现实的和可实现的。如何才能避免使教练对象感觉他们因为最初为会谈选择的期望结果而受到了评判,请看下面的例子:

教练:我们已经谈了很多关于你和你的老板的事情。关于这个话题,你想要在这次会谈结束时实现什么目标?

教练对象:我希望感觉到我和老板拥有良好的关系。

教练:那么,在这次会谈结束时,你想要感觉到你已经和你的老板建立了良好的关系吗?

教练对象:嗯……不。在这次会谈结束时,不会真的发生那种改变。

教练:好吧。那么在这次会谈结束时你可以实现的目标是什么,它将让你逐渐感觉到你和你的老板建立了良好的关系?

请注意,在这里教练与教练对象进行了核实,而不是直接认定他们不能在会谈结束时改变这种感觉。在这样做的时候,教练保留了目标实现的可能性，教练对象可以回答，是的，他们能实现那个期望结果，因为他们可以立刻转换自己的感觉。

在这项指标上，关键是要保持好奇、持续探讨，直到你确信你和教练对象就一个能够在会谈结束时实现的结果达成了完全一致的理解。

对于这项指标最重要的是，教练要发起谈话，讨论一个明确的关注点或目标，教练和教练对象对此达成一致观点。

评估指标 3.2　教练与客户合作确定或重新确认客户想要在会谈中实现的目标有哪些衡量成功的标准

从我的经验来看，这一项指标让很多教练大伤脑筋，特别是当他们发现很难区分这一指标和这项能力下的第一个指标时。目标和衡量标准有可能混合在一起，最初的关注点可能会包括衡量成功的标准。例如，教练对象可能会说，在会谈结束时，他们希望"有三个让我感到非常快乐的明确的行动步骤"。这时成功的衡量标准是内置的。在这种情况下，我会确保将它们复述给教练对象，这样考核官就能听到你已经注意到了它们。此外，还要确保在会谈过程中和结束时使用它们进行总结。例如：

"我们已经谈了半个小时了，我知道你非常想要三个明确的行动步骤,它们能让你在会谈结束时感到快乐。你现在进展如何?"

在会谈即将结束时,你可以说:

"我知道你的目标是拥有三个行动步骤。你现在有了几个?它们有多明确?"以及"它们让你感觉有多快乐?"

衡量标准的力量在于在会谈期间和结束时利用它,而不只是在开始时把它确定下来。

在我给忽视衡量标准的教练提供反馈时,最常见的回应是说这感觉有点过分,他们担心这样做会损害亲和关系或者令教练对象恼怒。但是,当教练们真正把握住衡量标准时,它会使教练会谈合约显现出全新层次的清晰度,有时甚至会改变双方对真正的期望结果的认识。

如果教练对象不经询问就主动说出在你听来像是"衡量成功的标准"的一番话,而你既没有通过复述去确认,也没有对它进一步询问,那么你将不会得到加分。同样,这对教练过程很关键,而不只是关乎你的考试!如果你不去寻找衡量成功的标准,或者接受一个模糊的衡量标准,那么教练对象在会谈中真正取得突破的机会就大大减少了。

我发现，许多教练对这一指标还有一个困惑，那就是他们不清楚衡量成功的标准到底是和什么相关联的。有些教练认为与它相关联的是长期目标——教练对象将如何知道他们达到了将来的某个目标？这项指标实际上在这一点上很清晰——它所期望的是与"客户想要在会谈中实现的目标"相关联的衡量标准。因此，衡量成功的标准应该是在本次会谈结束时可以达成的。

> 支持该评估指标的几类教练干预迹象包括：
>
> - 教练询问什么将被看作这次会谈取得成功的证明。
> - 教练向教练对象复述他们听到的衡量成功的标准，并核实这些标准对于教练对象是足够大的进步。
> - 教练进一步探讨期望结果，以便真正弄清楚教练对象将如何知道这次会谈的具体目标取得了成功。
> - 教练允许衡量成功的标准可以是有形的，也可以是无形的，例如，行动步骤或内心感受。

下面的这些例子可以视为有效的教练干预迹象：

"你将如何确定你在会谈结束的时候达到了这一点？"

"这么说你想要在会谈结束的时候制订一个令人振奋的计划。你将如何知道这个计划是足够令人振奋的?"

"你将如何知道你已经实现了今天的期望结果?"

"你想要在会谈结束时感觉到放松。你将如何知道你是(足够)放松的?"

"就你为今天设定的目标来说,什么将会使这次会谈非常成功?"

"你将如何知道今天你在这方面取得了真正的进展?"

"我听到的是,在会谈结束时你想要制订一个令人振奋的计划,它让你感觉到愿意马上开始行动。是这样吗?"

像所有教练工作一样,关于这两项指标以及它们如何互相配合并没有一套固定的程序。没有哪些问题是专为指标1准备的,也没有哪些问题是专为指标2准备的。关键是要表现出你坚决地为会谈带来了一个清晰的期望结果并进一步使之明确,以确保你们双方都知道如何衡量会谈的成功。

有时候期望结果有一点模糊和抽象,比如"仅仅探讨"一个话题。对于这样一个结果,你可以采用下面的一些方法去找出衡量成功的标准:

"你告诉我你今天想要'仅仅探讨'这个话题。你将如何知道你对它已经进行了充分的探讨?"

"那么,'仅仅探讨'就足够了吗?"

"让我核实一下。假如到了我们会谈结束的时间而且你已经'仅仅探讨'了这个话题,那么你觉得这就足够了吗?"

"有没有一些特定的话题,你需要在会谈结束前'仅仅探讨'一下?"

这些表述可能会让教练对象简单地认为"仅仅探讨"就可以了。在这种情况下,你可以把它当作衡量成功的标准。有时候教练对象对这些问题的回答会使期望结果变得更加具体。下面的两个例子可以简单说明这两种情况:

例 1

教练:那么,我听到你今天想要"仅仅探讨"这个关于新生活的话题,是这样吗?

教练对象:是的。现在这个阶段我不想做出任何具体的计划。

教练:那么你将如何知道你对它已经进行了充分的探讨?

教练对象:我还不太清楚,我只是想要对它进行探讨,彻底地谈一谈。

教练：好吧。这么说，只要我们花时间对它进行了探讨而且你彻底地谈过了，那么你就会感觉这次教练会谈是值得的，对吗？

教练对象：对！十分正确！

例 2

教练：那么，我听到你今天想要"仅仅探讨"这个关于新生活的话题，是这样吗？

教练对象：是的。在现在这个阶段我不想做出任何具体的计划。

教练：那么你将如何知道你对它已经进行了充分的探讨？

教练对象：我还不太清楚，我只是想要对它进行探讨，彻底地谈一谈。

教练：好吧。这么说，只要我们花时间对它进行了探讨而且你彻底地谈过了，那么你就会感觉这次教练会谈是值得的，对吗？

教练对象：嗯……好像不对，听你这样一说，我感觉只是彻底地谈一谈似乎并不够。

教练：这个觉察很棒。好吧，那么什么会让你感觉这次会谈足够充分呢？

教练对象：这个……我想要彻底地谈一谈，不过也许还会再选择两到三个行动,我要马上开始几项行动,即使还有很多事情要思考。

教练:太棒了。这么说,在会谈结束的时候,你不但对这个话题进行了探讨,彻底地谈过了,并且想出了两到三个可以马上开始的行动。

教练对象:是的!

在以上两个例子中,教练都给了教练对象足够的空间去真正说出什么会让他们感觉会谈是值得的。你也能想象得出,一旦教练对象清晰地认识到会谈对他们的价值,他们的语调、情绪、能量就都会产生变化。

我们将在指标 3.3 和 3.4 中看到,这种澄清问题的方法也可以用来在整个会谈中持续发展教练会谈合约。

请注意,如果没有指标 3.1,就无法完成 3.2 这项指标。如果会谈没有明确的期望结果,就无法为它制定一个衡量成功的标准。

评估指标 3.3   教练询问或探索客户想要在会谈中实现的目标,什么是重要的或有意义的

关于这个指标,有可能在教练对象对话题的讲述时已经清楚地表明对他们来说意义和重要性是什么,但是除非教练对象关于话题的描述和所讲的故事确定无疑地表明了这一点，否则你就需要设法帮助他们找到和/或说出那个意义或重要性。做得好的话，这项能力将邀请教练对象进入一个富有创造力和吸引力的空间，去看到他们真正想要的是什么，而不是仅仅从一个肤浅的、单纯解决问题的角度去思考。

我看到，许多教练对象带着一个他们头脑中认为重要的话题来到教练会谈——21世纪的人们过于忙碌，很少有时间停下来反思并意识到他们真正想要在生命中实现的是什么。相反，他们往往急于找到解决问题的方法，并把它作为他们的话题带到教练中来。这项指标邀请他们放慢速度，更清醒地思考这一点。我把它看作是邀请灵魂参与发表意见！当你就意义和重要性询问某人时，你是在要求他们看清话题里隐含的驱动因素——往往是他们的价值观、对更好生活的需要和愿望等。

当然，这并不总是正确的。也许他们眼下需要解决一些表面的、事务性的问题，这自然是完全可以的！

这个指标真正要求教练拥有很棒的积极聆听、同理心和敏捷反应。例如，如果教练对象在谈论这个话题将如何改变他们的生活、改善他们的健康并促进他们的婚姻，而这时教练问："这对你有什么意义？"那么就有可能让教练对象觉得自己没有被聆听。

如果教练对象已经清楚地说出了其中的某些意义，那么更有同理心的做法可能是将其复述，并核查是否还有其他意义。

> **支持该项评估指标的几类教练干预迹象包括：**
>
> - 教练询问话题或目标对教练对象而言存在的意义和/或重要性。
> - 教练的发问能够帮助教练对象澄清实现期望结果对他们有什么意义。
> - 教练的干预能够帮助教练对象确定或加强他们朝着目标做出改变的动力。
> - 教练适时地询问这会给教练对象的生活/事业/工作带来什么不同。
> - 教练询问该教练话题与教练对象的人生目标、价值观、抱负、信念等有怎样的关系。

下面的这些例子可以视为有效的教练干预迹象：

"关于（你的职业），是什么使现在对它的讨论非常重要？"

"在（你的职业）方面发生了什么，让你现在想要围绕它进行教练？"

"假如你实现了（这个目标），生活将会有哪些改善？"

"实现这个目标对你来说意味着什么?"

"它将给你带来什么?"

"关于(这个目标),对你来说重要的是什么?"

"想象一下,你明早醒来,这个目标已经实现了,那会带来哪些改变?""它会如何使你受益?""你的生活会有什么不同?""你的团队呢?"

"当你实现这个目标时,你对自己会有什么感觉?"

"在实现自己愿景的过程中,你会践行哪些价值观?"

请注意,探讨意义和重要性的方式有很多。我经常听到人们采用公式化的方式发问——其实更好的做法是体现出对所说内容的积极聆听和同理心。你的发问越是能反映出教练对象的语言和你的积极聆听,谈话听上去就会越自然,而且教练对象就会越发地放松并开始进入有创造力的开放的自我状态。

这种以公式化的方式达到这项评估指标的一个例子是,许多教练在听完教练对象谈论某件事情多么重要之后会问:"关于这件事什么对你是重要的?"如果你认为你能听出什么是重要的,但是并非百分之百有把握,那么一个很好的方式是用下面的这类说法确认这一点:

"刚才听你说话的时候,我感觉这件事非常重要。不过我还是很想听你确切地说出这个重要性是什么。"

或者甚至可以这样说：

"我能听出它对你有多重要，这让我很受鼓舞。请告诉我，生活将在其他哪些方面变得更好？"

或者

"……还有谁将会从中获益？"

只要你基于积极聆听去发问，你就不会使教练对象感到你是在遵循某个程序而没有充分地聆听他们。当你以一种强有力的方式询问他们意义和重要性时，这会让教练对象更强烈地感觉到自己被聆听。他们将感受到更多的理解和尊重，同时将有可能真正放松地进入教练会谈。

此外，当教练对象不清楚真正的意义以及他们追求的实质是什么时，他们就很难发挥思维的创造力。清晰地看到它对他们真正意味着什么（而不只是它现在是怎样的一个难题），这将带来更强大的思维力量并且帮助他们更好地利用他们的直觉，这样他们就能够想出多个前进途径并做出恰当的选择！

一个很好的建议是听懂教练对象在这里使用的语言,并将其反映在你的发问和总结中,这会带来积极的、有感染力的语言,使你能够让教练对象感到真正被倾听并使教练工作更加深入。

同样,在没有评估指标 3.1 的情况下,指标 3.3 是无法完成的。

评估指标 3.4　教练与客户合作确定客户认为他们需要探讨什么问题才能达到他们想要在会谈中实现的目标

这是一个未充分利用的指标,我几乎从未在 PCC 考试中听到过这一项指标做得很好的情况(事实上,它常常是完全缺失的)。这真是太遗憾了,因为它对你的教练工作帮助极大。这项指标要求我们询问教练对象:"为了实现这次会谈的期望结果,你认为需要在会谈中讨论什么?"一般来说,即使教练在为会谈确定期望结果方面表现很棒,但接下来也是由教练对象决定如何朝着那个结果进行教练的。这个指标是通往 MCC 的重要一步,因为它真正地使教练对象承担起更多的工作。

在 MCC 级别,我们期望看到的是教练对象在做大部分的工作——教练较少思考如何帮助教练对象找到解决方案,而是更多地好奇:<u>教练对象认为</u>什么将对他们有帮助?当然,在教练对象说他们不知道他们需要讨论什么或者如何推进会谈时,你需要做好准备,但是总体来说,教练对象在被问到这个问题时，都会有一些自己的想法。

因此，这个指标要求你减少自己的工作并且让教练对象参与决定：为了达到他们自己的期望结果需要探讨哪些问题。这也是在 MCC 谈话中要求的伙伴关系水平的部分基础。

它为会谈提供了一种路线图，主要由教练对象来设计。如果你在谈话的早期阶段听到了一些似乎非常重要的事情，而教练对象没有在他们的回答中提到，那么你也可以提出来。例如："我听到你想首先把关注点放在认识自己的错误上，然后从中吸取教训。我记得你之前说过有必要知道还有谁应该对此负责，那依然重要吗？"然后当然要相信教练对象的回答。

再次强调，在没有评估指标 3.1 的情况下，就无法完成 3.4 这项指标。现在你会明白为什么我会在自己的教练指导中反复说起关于评估指标 3.1 的重要性。没有它，就没有真正的教练对话，因为教练对象没有得到弄清楚话题和目标的机会。

支持该项评估指标的几类教练干预迹象包括：

- 教练发起与教练对象的谈话：为了实现这次会谈的约定目标，教练对象认为需要处理、探讨或解决哪些问题。

- 教练已经听到教练对象提到的某些问题，并且把它们复述给教练对象以便引起对方思考。
- 教练对象不经提示就主动提出需要思考的问题或方面，教练注意到这一点，对其复述并/或进一步探讨。
- 教练探索可能阻碍教练对象实现会谈目标的因素。
- 教练询问教练对象可以用来达到会谈目标的价值观、策略、优势和以前的经验。

下面的这些例子可以视为有效的教练干预迹象：

"关于这个你想要在会谈结束时制订的（计划），其中的哪些方面是你想要重点解决的？"

"为了在会谈结束时（找到加速这个项目成功的最佳方法），你需要在我们的谈话中考虑哪些事情？"

"在你谈论这件事的时候，我注意到你提到下列潜在的问题……在你听来是这样吗？"以及"你还想到哪些其他的问题？"。

"我知道你想要'仅仅探讨'这个话题，那么你想要'仅仅探讨'哪些方面或问题呢？"

"为了实现这个目标，你可能需要思考的问题有哪些？"

"为了感觉到你已经真正如愿地探讨了这个话题,你需要在探讨过程中涉及哪些内容?"

请注意,如果你的确听到某些潜在的问题并把它们复述给教练对象,那么你需要与教练对象核实,看他们是否同意你复述的内容,而且还要问清楚他们想增加哪些其他的问题。如果你挑选出两到三个你认为重要的问题,但是没有询问是否有其他的问题或者直接认定你的复述是正确的,那就会降低这项指标的影响力并且很有可能使你陷入引导教练对象的误区,从而减少至少几个指标的得分。

另外还要注意,你可以抓住这项指标的要旨并且设法用教练对象自己的语言作出听起来自然的发问,而不是千篇一律地问:"你需要解决哪些问题……"这是各项指标真正将你的教练技术转变到下一个级别的地方——它们存在于谈话中,但是听起来和感觉上它们已完全融入了自然流畅的谈话。

总之,这项指标是关于会谈的伙伴关系、深度、影响力和有效性——在需要探讨什么可以帮助你的教练对象实现他们的会谈结果这个问题上,并不是要你做出所有的决定,而是需要你询问他们并消除猜测。这将使你作为教练的生活多一些轻松,少一些疲惫!

学习要点

确保你既询问了一个话题，又询问了一个期望结果——换句话说，先问谈话的领域，然后将其缩小至在谈话结束时要达到的一个具体的目标。

确保教练对象已经为会谈确定了衡量成功的标准，并在会谈过程中和会谈结束时使用它们。

帮助教练对象探讨话题／期望结果中的意义或动力所在。应激发他们的热情和潜能，而不只是单纯解决问题。

帮助教练对象确定为了实现期望结果需要解决什么问题。

牢记约定的期望结果，并核查进展。

核心教练能力 4：
培养信任和安全感

核心教练能力：

定义：与客户合作创建一个安全的、支持性的环境，从而使客户能够自由地分享，双方保持互相尊重和信任的关系。

（1）做到在客户的生活背景下理解他们，这种背景包括他们的身份、生活环境、经历、价值观和信仰等。

（2）表现出尊重客户的身份、观点、风格和语言的态度，并使自己的教练方式适应客户。

（3）认可和尊重客户在教练过程中表现出的独特才能、洞见和努力。

（4）表现出对客户的支持、理解和关心。

（5）认可和支持客户表达情感、观点、忧虑、信念和建议等。

（6）展现自己的坦诚和透明度，以此来显露内心的脆弱处并与客户建立信任。

©国际教练联合会（ICF）

> **培养信任和安全感的 PCC 评估指标：**
>
> 4.1 教练认可和尊重客户在教练过程中表现出的独特才能、洞见和努力。
>
> 4.2 教练表现出对客户的支持、理解和关心。
>
> 4.3 教练认可和支持客户表达情感、观点、忧虑、信念和建议等。
>
> 4.4 教练与客户合作，邀请客户对教练贡献的想法以任意一种方式做出回应，并且接受客户的回应。
>
> Ⓒ 国际教练联合会（ICF）

核心教练能力

这是我最喜爱的核心教练能力之一，因为它为一种美妙的、亲密的和变革性的关系创造了环境，从而使突破的发生成为可能。我记得，在第一次看到核心教练能力时，我感觉有些不自在，因为 ICF 竟然认为他们能用某种方式衡量在一次教练会谈中存在的信任和安全程度。信任感和安全感，同样还有当下感，都是无影无形的，具有无法衡量的特性，难道不对吗？我并不认为它们可以被压缩为能用来评估的行动和行为，用打对勾的方式来决定它们是否存在！你怎么能"观察"到如此内在的东西呢？

后来，在经过一段时间和一些深入的探讨和思索后，我才终于明白了。当然，信任、安全感和当下感都是感觉状态，它们是行为之外的一种体验，但是如果没有对带来这些感觉的行为和思维模式的理解，那就根本无法在这些领域学习和成长。从这个层面来看，"培养信任和安全感"及"保持当下和同在"这两种能力才更有意义。它们突出强调了我们应该如何行动和思考才有助于为教练对象创造实现突破的环境。

我在写这本书的时候对于这一项核心教练能力感到特别为难，因为关于它有太多的东西要说，可是我承诺过不会让你们陷入大量的文字材料中以致无法看清哪些是你准备PCC认证所必需的。我将遵守那个承诺（因为一名教练总是遵守他们的约定），不过如果你希望有机会进一步拓展和探索这一项能力，请一定告诉我！我们在"进化教练"培训课程上有大量针对这一能力的学习，而且在我写接下来的一本关于MCC的书的时候，它将占据重要的位置！

这项能力的一个重要因素是对教练对象表现出的关心的水平。在一个基本的水平，它大致表现为：对教练对象自己关于话题的想法感兴趣，不以自我的观点、学习方式和思维方式为中心而排斥教练对象的观点和方式。请注意，真诚的关心并不包括过分的情感投入！比如，过于接近教练对象自己的问题以至于你感受到了他们的痛苦或者开始替他们解决问题！

请记住，这项能力要求真正表现出对客户的信任，而要做到这一点，我们需要远离这个"替人解决问题"的空间，并且相信他们拥有自己的答案，他们在某个层次知道（即使尚未意识到）如何最好地应对当前的这个话题。这种信任将在整个谈话中以多种方式表现出来。

这种信任将表现在保持教练关系的行为中，比如遵守约定和承诺，表现出个人的正直；还表现在会谈过程中，比如，请求许可之后才对教练过程中出现的新的敏感领域进行教练，尊重会谈合约，甚至在教练对象思考时保持沉默。

这些信任的行为为深入到谈话的不舒适区奠定了基础。因为标题里写着"信任"和"安全感"这两个词，我经常听到教练们在谈论这个话题时把这两个词当成一回事。我认为它们是不同的实体，尽管两者紧紧缠绕在一起。安全的体验对于创造突破的条件是必不可少的。未知是一个可怕的、不确定的空间，对未知的探索需要教练和教练过程让教练对象产生高度的安全感。教练对象需要感受到富有能量的支持、爱、尊重和挑战。如果没有挑战，信任的表现就没有深度。

教练工作有一个新兴又重要的部分是关于创伤知情。这意味着要了解神经系统的反应和调节，以及创伤是如何在体内储存的。这超出了本书的范围,但是在这里还是要提一下。

> 在"**培养信任和安全感**"中评估的关键技术是:
>
> (1)教练与客户的联结和支持的深度。
> (2)教练对客户及客户的思考和创造过程的信任和尊重的深度。
> (3)教练向客户展现开放、真诚和脆弱以建立相互信任的意愿。
>
> ⓒ 国际教练联合会(ICF)

前两项关键技术贯穿所有这些评估指标,第三项更具体地包含在评估指标 4.4 中。很高兴看到"脆弱"这个词以这种方式出现在核心教练能力中,因为它以往只出现在 MCC 级别。这里脆弱是一种优点——接受不完美并且愿意与教练对象一起成长。有些人可能会认为这是一种弱点,但那绝对不是这里想说的意思。

PCC 评估指标

这些评估指标可以明确地通过语言的恰当运用来表现,也可以含蓄地通过行为来表现。其本质是通过尊重教练对象的全部并支持他们充分表达自我，来创造一个安全的、支持的、充满爱的环境，这是真正深入探索所需要的。

评估指标 4.1　教练认可和尊重客户在教练过程中表现出的独特才能、洞见和努力

这个评估指标是要让客户感觉到他们作为独特的个体真正被看到和尊重，并利用他们的独特性来帮助他们创造美好的结果。它是关于教练应认识到每个教练对象都是独一无二的个体，对他们的能力表现出信心，接受他们的信念，相信他们有能力以他们自己的方式有效地创造出自己想要的结果。

这里一个重要的词是"独特"。你的教练对象有什么独特之处？他们如何将这种独特性带到教练过程中？这种独特性又如何影响正在出现的结果？这建立在"体现出教练心智"的意识之上，即真正将你的教练对象视为一个独特的人，作为一个由历史话语、文化、身份、天赋、性取向、性别认同和信仰体系等因素融合而成的独特生命。

这里说的"努力"可能出现在会谈过程中、会谈之外或整个教练关系期间。

考核官聆听的几类教练干预迹象包括：

- 教练使用的语言清晰地表明他们对教练对象背景的识别和尊重，包括（但不限于）他们的种族、文化、性别认同、性取向、生活经历、世界观、价值观、信仰、生活环境等。
- 教练清晰地识别并尊重教练对象的自我意识。
- 教练认可教练对象所使用的独特的工作方法。
- 教练倾听并积极回应教练对象自己的做事方式、表达自我的方式和对语言的使用。
- 教练倾听并回应教练对象在他们的旅程中所面临或持续面临的独特挑战。这可能是发生在会谈中的、某一段时间内的或者过去的。
- 教练倾听并回应教练对象对世界的认识方式和思考方式以及由此产生的感受。
- 教练向教练对象反馈教练所听到的对方的独特才能和见解。
- 教练不会通过语言、肢体语言或任何其他形式的非语言交流对教练对象做出任何评判。
- 教练认可教练对象的新思维和新觉察，并 / 或引导他们对这些进行更深入的探索。

下面的这些例子可以视为有效的教练干预迹象：

"很明显，你已经对这个问题进行了一些思考。请告诉我你的一些想法，我们今天可以一起探讨什么？"

"我能听出来×××在你的生命中一直是一个巨大的挑战。"

"你已经在这个话题上取得很大的进步和收获。我很钦佩你表现出的勇气。"

"一到采取重大行动的时候，你总是那么勇敢。"

"你总是会非常耐心地探查清楚什么对你最重要，我很欣赏你的这种风格。不是每个人都有耐心做这件事。"

"我仍然记得有一段时间你不愿意承担这项工作，可是现在你这么积极踊跃地要求做这项工作！"

"你是在这个领域富有经验的一名（人力主管）。以你多年管理员工的经验，你怎么看待这件事？"

"我听说，在你们国家，女性想要在公司得到晋升非常困难。"

"我对你完成这个目标的能力充满信心。"

"我钦佩你探索自我和成长的意愿。"

"啊，我喜欢这种新的见解。请进一步告诉我，你将如何把它带入到你的角色中。"

当然，这一切都建立在积极聆听的基础之上，这样你才能以一种教练对象可以相信的真实和诚恳的方式来使用它。认可并尊重相关的方面是至关重要的。

评估指标 4.2　教练表现出对客户的支持、理解和关心

这个评估指标是关于教练对客户应表现出支持、理解或关心，同时又不落入"守护者"的角色。这是一种有力的平衡。

当我们从"守护"出发时——试图保护而不是挑战教练对象，我们就有可能限制教练工作的潜能，削弱教练对象的自尊。这总是出于好心，试图保护教练对象免受教练认为的不适或挣扎。这表明教练不愿意接触这些情绪，也表明教练对教练对象处理强烈情绪的勇气和能力缺乏信心。

当我重读上面这一段时，它给人一种评判和很不舒适的感觉。我考虑过重写这一段，缓和一下语气。但要打破那些可能阻碍教练对象前进的好心模式，就只能把话说得明白些。

对教练工作中的理解（同理心）最好的描述是听到教练对象情绪的变化并相应地做出回应的能力。"相应地"可能意味着采取认可和挑战。例如，"这听起来很艰难"，这不是保护他们回避艰难的感觉或不去采取可能更艰难的行动，而是给他们带来新的信心或在结果上取得突破。

第二部分　PCC 评估指标

考核官聆听的几类教练干预迹象包括：

- 教练清晰并具体地说出对教练对象的支持，或者在行为上表现出来。

- 教练表现出支持的行为，比如：给教练对象时间进行思考和提出他们自己的想法。

- 教练给予教练对象支持性评价，比如：说出他们对教练对象的信心，或者对教练对象面临的问题的理解。

- 教练清晰地说出教练对象所取得的进步。

- 教练能够正确处理教练对象的强烈情绪，并不受其影响，允许他们感受自己的情绪并积极应对，而不是表现出需要帮助他们克服这种情绪的倾向。

- 教练表现出理解、同情和／或关心。

- 教练对教练对象表示关心，而不是试图将他们从实际的或潜在的不适中解救出来。

- 教练表现出按照教练对象的节奏来解决困难或情绪问题的耐心和意愿。

下面的这些例子可以视为有效的教练干预迹象：

"我能看出来,这件事现在对你来说很难办。"

"很明显这件事让你情绪很激动。你现在需要什么?"

"没关系,让这种情绪自然发展。"

"我也经历过类似的事情。这很痛苦,不是吗?"(没有将焦点转移到他们自己的经历上。)

"我理解。离婚真的很难。"

"我知道现在有多艰难,我也注意到你是如何强有力地处理这件事的。"

"我看得出来,在过去的几个月里,你处理棘手局面的能力确实提高了。"

教练能够在教练对象感受他们的情绪时保持沉默和信任。

如果教练表现出冷漠或者忽略了教练对象的脆弱而继续进行谈话,那么这将被视为不合格的迹象。这里应表现出的是与教练对象同在,而不是守护或冷漠地推动他们继续!

评估指标 4.3　教练认可和支持客户表达情感、观点、忧虑、信念和建议等

这个指标是关于积极地支持自我表达。许多教练养成了善于保持沉默的习惯,却无法有效地激发更深层次的自我表达。这里涉及的是认可和支持客户的表达。

认可是指我们听到那些关于情感、观点、忧虑、信念或建议的表达后，对它们进行复述或评论。认可是主动的——它要求对所听到的内容做出回应。

支持是指对这些表达的深化。它要求我们深入了解它们，探索它们，并帮助教练对象发现深层次的自我表达。

4.3 与 4.1 的联系非常紧密，因为如果没有那种被深层次地看到、认可和尊重的感觉，那么对于分享内心世界的邀请，教练对象就不太可能做出充分和自由的回应。

这不仅与他们表达的内容有关，还与他们表达情感、忧虑、信念等的方式有关。他们是否喜欢在说话时花很多时间思考？他们是否喜欢先听到自己把话说出来，然后在此基础上加深自己的表达？他们是否会用他们的语言描绘图画，并变得兴奋和充满激情？他们会边说话边随手乱画吗？也许素描、绘画、舞蹈等可以帮助他们更有力地表达。

考核官聆听的几类教练干预迹象包括：

- 教练鼓励教练对象更多或更深入地讲述他们正在说的事情。
- 教练在适当的时候保持沉默，使用肢体语言来鼓励对方继续讲话，而不用鼓励的话干扰对方的讲述。

- 教练对教练对象在谈话中提供的信息以及提供信息的方式做出回应。
- 教练对教练对象不同的自我表达方式持开放态度。
- 教练用发问来支持教练对象更深入地表达自我。
- 教练听到并询问情感、观点、忧虑、建议或信念等。
- 教练表示他们听到了教练对象的这个表达。
- 教练乐意听教练对象表达自我,并耐心地让他们充分表达,然后再继续前进。
- 教练与教练对象检查他们是否已经就这个话题说了他们想说的话。

下面的这些例子可以视为有效的教练干预迹象:

教练为教练对象保持沉默,在他们自由讲述的时候不打断他们。

"请再详细地说说那件事。"

"关于那件事你还想到了什么?"

"在开始的时候,你想要先谈这个话题,现在你觉得这个话题已经彻底结束了吗?或者还有什么想要说的吗?"

"请再和我谈谈,你对这个问题现在是怎么想的。"

"听起来似乎你非常想做这件事，是这样吗？"

"这个话题听上去似乎和我们一起做过的领导力探讨相关。你认为我说的对吗？"

"你怎样才能最好地思考？"

"说出答案会对你更有帮助吗？"

"你喜欢怎样表达自己？"

"在你谈论这个问题的时候，你还想到了什么？"

"在这次经历中，你对自己有了什么了解？"

"所以你对此感到愤怒。你对这件事还有什么其他的感受？"

"你对此有何看法？"

"还有什么？"

评估指标 4.4　教练与客户合作，邀请客户对教练贡献的想法以任意一种方式做出回应，并且接受客户的回应

我们在这里有一个合作评估指标，所以教练积极邀请客户以任意一种方式回应，而不仅仅是接受，这一点很重要。请注意，这里涉及的是邀请和接受。"贡献"是关于教练的分享，是以培养信任和安全感为目的的贡献或分享，而不是以唤起觉察为目的的。在后面的核心教练能力 7 中，我们将探讨在促进新领悟和觉察方面教练的贡献。

请想一想，在支持信任和安全感方面做出贡献意味着什么。这可能意味着请求许可做一些分享，然后不执着于教练对象必须如何回应。例如，如果教练合约是关于人际关系的，但教练对象一直提到他们的经济状况，那么教练可以说："我认为我们正在探索人际关系领域，我也注意到财务问题已经出现了几次。我可以问一下这两者之间的联系吗？"如果教练对象说不想谈这个问题，那么教练将欣然接受，也许会问："好吧。那么我们该怎么进行呢？"教练已经请求许可，因为它是一个新的或可能是敏感的领域，然后接受了否定的回应。

教练可以对一种情况进行重新构建，然后邀请教练对象做出回应。教练可以说："我听到这件事让你现在感觉很疲惫。同时我也不禁感到兴奋，因为这意味着你所有的努力换来了令人难以置信的商业成果。"接下来的邀请可以是沉默，以便让教练对象做出回应。如果教练对象说："不，不是那样的。"那么教练可以问："好吧，那是什么？"

教练自由地贡献自己的想法，然后优雅地接受回应，接着以开放的态度与教练对象合作，询问下一步该做什么。

考核官聆听的几类教练干预迹象包括:

- 教练在建立信任的过程中分享自己的想法,并且明确邀请教练对象自行决定使用或者不使用这一贡献。(请注意,沉默作为一种邀请并不足以为这项指标加分。)
- 对于教练对象如何处理教练所分享的信息,教练明显地不带偏好。
- 教练的分享方式清晰地表明:自己所提供的不是"真相"。
- 教练为建立信任而做出分享的方式与教练合约有密切关联。

下面的这些例子可以视为有效的教练干预迹象:

"这听起来像是你以前经历过和处理过的事情。是这样吗?"

"在我看来,这是一个让你在这件事上拥有权力的机会。你对此有何感想?"

"这很困难,而且我觉得你是一个真正能做到这一点的人。你是这样认为的吗?"

"我觉得你非常有创造力。我说的对吗?"

学习要点

倾听教练对象的独特之处，并不带偏好地复述给他们。

回应教练对象的方式要认可他们拥有的经验，并表明你对他们的支持、理解或关心。

分享你对教练对象的看法并邀请他们以他们希望的任何方式回应，以此来建立信任。

在分享的时候，让你的分享方式表明你是在分享你所听到的真相，但它不是唯一的真相。

建立信任需要有意识的努力和自觉的行为。它不是我们可以假定存在的，也不是一次建立就能永久存在的。

核心教练能力 5:
保持当下和同在

当约谈者感受到你的同在和相信时,他也会舒展,更愿意敞开心扉。

核心教练能力：

定义：完全清醒地与客户同在当下，表现出开放、灵活、理智和自信的状态。

（1）保持对客户的关注、敏锐观察、情感共鸣和积极回应。

（2）在教练过程中表现出好奇。

（3）控制个人的情绪，以保持与客户同在当下。

（4）在教练过程中表现出应对客户强烈情绪的信心。

（5）自如地在未知的状态里开展工作。

（6）创造或留出用于沉默、停顿或思考的空间。

© 国际教练联合会（ICF）

保持当下和同在的 PCC 评估指标：

5.1　教练对客户的整个人做出回应。

5.2　在本次会谈的整个过程中，教练对客户想要完成的事情做出回应。

5.3　教练与客户合作，支持客户去选择本次会谈的主题。

5.4　教练表现出想要对客户了解更多的好奇心。

> 5.5 教练允许客户沉默、停顿或思考。
>
> ⓒ 国际教练联合会（ICF）

核心教练能力

这项能力的基础是伙伴关系及对教练对象整体的清醒觉察和积极回应，教练对象整体包括他们的情绪、能量、智慧和学识，以及支撑这些的文化、背景和世界观。它关注伙伴关系和教练对象整体，促使教练改变公式化的教练方法及对教练术语和模型的使用，转变为根据教练对象调整教练方式。教练成为教练对象的学生，倾听他们对语言的使用，观察他们的回应方式，并听到他们所处的环境。

这种伙伴关系也存在于教练过程中。有时候最适合教练对象的做法是要求他们在教练过程中发表观点，有时候对他们最有效的做法是教练介入并采取行动去转变能量或在某个特定的方向提出挑战。我喜欢把这种关系称为"共创"。教练对教练过程持有总体上的责任，但是可以通过要求教练对象对会谈的方向和方式发表意见而与其建立伙伴关系。

"当下感"这个概念是多维度的。它是一种感觉和一种体验，也是一系列存在、行为和联结方式的结果，从而带来与某人同在当下的体验。这些 PCC 评估指标确定并说明了 ICF 关注的主要行为，它们表现出充分的当下感。

这里衡量的"当下感"自然是关于教练本人的，但有趣的是，当这些评估指标得到良好运用时，教练对象也很可能会在谈话中更好地投入当下。当教练在引导教练过程并控制教练工具的选择时，教练对象由于对教练试图将他们引往何方缺乏了解，又由于思维方式的不匹配，就有可能产生排斥心理，从而很难与他们的教练同在当下。

当教练真正地掌握了"保持当下和同在"时，他们成为教练对象的学生，注意到教练对象如何最好地思考、谈话和工作，并且在谈话中反映这些方面以支持教练对象的思考过程——创造一个环境和一个过程，将教练对象越来越深入地带入他们自己的思想和领悟当中，而不是强迫他们接受教练的思维方式并希望那会带来某种程度的成功！

当下感是一个巨大的、可能比较模糊的概念，所以重要的是要记住，就评估而言，被观察的是教练有意识的行为，这些行为有可能建立并保持当下和同在。

第二部分　PCC 评估指标

> 在"保持当下和同在"中评估的关键技术是：
>
> （1）教练对客户的关注和与客户合作的深度；
> （2）教练在教练过程中对客户整体的观察和利用的深度；
> （3）教练创造反思空间以及不管在对话还是沉默中对客户保持当下和同在的能力。
>
> Ⓒ 国际教练联合会（ICF）

让我们来看看 PCC 评估指标是如何支持这些关键技术的发展和评估的：

PCC 评估指标

评估指标 5.1　教练对客户的整个人做出回应

"整个人"指的是教练对象如何思考，他们如何创造或展现生命中的事物，他们的最佳学习方式，他们的情绪，他们如何联结到他人、议题和世界，他们的价值观以及他们的信念。

所有这一切（当然不止这些）构成了教练对象的"世界观"——他们理解世界和日常事件的方式。它帮助他们理解他们的体验，同时也塑造和创造了这种体验。例如，假如他们失去了一位至亲，他们会把这件事看作是令人心碎的不幸，使他们感到生活失去了意义吗？或者他们会把它看作是一种激励，使他们珍爱生命、充实地生活并且做出他们早就想要为自己做出的改变吗？

他们把挑战当作是一个问题还是一个邀请？

当他们想要在生活中有所创新时，他们会制订一个线性计划并一步步地遵照执行吗？或者他们会设定一个轻松的意愿，然后听从内心或直觉的引导去实现它吗？

这一切构成了他们现在是"谁"，他们如何在自己的生活中"表现"。他们是快乐的、积极的、生活顺利的，还是疲惫的、情绪低落的、生活艰难的？他们对生活和当下话题所持有的态度将深刻影响他们取得的成果以及他们如何理解那些成果。

这里没有现成的方法——没有哪一次教练会谈要求（或者有时间供给）我们涵盖或探讨"教练对象整体"的所有这些要素，也没有哪一位考核官会要求你必须谈到一定数额的要素。关键是你要听到探讨这些方面的机会并进行探讨，并且/或者你听到教练对象在谈话中提供了一些非常清晰的东西，这时你要恰当地利用它或尊重它。

要想详尽无遗地探讨这项指标，那就得写整整一本教科书了，因为它实际上涉及大量的教练干预和方法。有很多方法去表现对这项指标的尊重——探讨价值观或信念，询问他们如何理解这个处境，探寻他们如何认识当前的话题（他们的视角是什么），诸如此类，不胜枚举。你可以把从教练培训中学到的一切技术都运用到这项指标上。

那么，什么是要点？考核官关注的是什么？他们关注的是你认可教练对象作为人的存在——一个有经验、视角、感情和价值观的生命。他们想知道，你不只是关注解决问题或获得方案，而是对话题背后的人感到好奇；你好奇的不只是他们需要做出怎样的改变，还包括他们如何认识这个话题以及他们的认识产生了什么效果；他们现在是谁，这对于他们看到的结果有什么影响；为了实现那个目标，他们想成为谁。

你在任何特定会谈中做这方面探讨的深度取决于教练对象的目标和意愿。你的考核官不会因为教练对象不愿探讨某些领域而给你扣分，但是如果你总是错过邀请教练对象进入这些领域的机会——如果你忽视了教练对象提供的信息并且没有做出回应，那么考核官将会给你扣分。

> 考核官聆听的几类教练干预迹象包括：
>
> - 教练不只是关注提出的话题，而且对教练对象整个人保持好奇和/或完全接受。
>
>   这可能会包括：

(1)他们的价值观、信念、观点；

(2)他们对话题的认识方式；

(3)他们能够发挥创造力的最佳方式；

(4)他们现在如何在生活中表现自己；

(5)上述几点在他们的生活中产生的结果。

- 教练显然是在调整他们的教练风格，以适应教练对象的思维和感受方式，以及他们的信念、文化背景、自我表达和身份等。

- 教练能够自发地调整他们的教练风格，以结合他们从教练对象那里听到的主题和背景。例如，如果教练对象谈论的是全球动向，那么教练能够在他们的发问中转向全球舞台。或者，如果教练对象谈论的是潜能而不是事实，那么教练能够为教练对象保持潜能的能量空间，而不是将思考局限在事实证据上。

- 教练将客户的隐喻、能量和想法融入他们教练"人"的方式中。

- 教练将教练对象自己的语言、概念和思维方式融入对"人"的探索中。

下面的这些例子可以视为有效的教练干预迹象：

"我听到你不止一次提到这个工作会给你带来自由。听起来它对你很重要。"

"他总是迟到,这给你传递了什么信息?"

"想一想你过去非常顺利地实现的一个生活目标。你是如何做到的?"

"那种行为让你有什么感觉?"

"在你伤心的时候,你的行为会受到什么影响?"

"在你说起与团队成员发生的争吵时,你说你觉得自己当时太霸道。在以后与他们交往的时候,你希望自己是什么样子的?"

"我听你谈到你们文化中关于妇女权利的限制。在这种情况下,对你来说什么是可能的?"

"你的诚实和正直的价值观非常强烈。怎样做这件事才能最大程度地尊重这些价值观?"

"听到你谈论你实现这一目标(自己的方法)真是太有趣了。在哪些方面你更倾向于用自己的方式去做?"

"我可以看到这引发了一些强烈的情绪。还要继续吗?"

"对我来说,这听起来非常有力量。进一步探索对你有价值吗?"

"好吧,如果你不想探究这些情绪,那我们就进行下一个主题。下面你想探讨什么呢？"

评估指标 5.2　在本次会谈的整个过程中，教练对客户想要完成的事情做出回应

"事情"指的是客户指向外在的行动、行为。它包括他们总体的梦想、目标和愿望，也包括与这次会谈的期望结果相关的梦想、目标和愿望。

你可以把"事情"看作是客户的现状与目标之间的"差距"。客户所持有的目标或外在的担忧是什么？这个评估指标是关于教练在探讨"事情"时表现出的伙伴关系的深度。教练应该能够专注于教练对象想要什么，而不是带着教练自己的观点去思考目标应该是什么，话题应该如何讨论，或者教练对象想要达到他们的目标需要做什么。

> **考核官聆听的几类教练干预迹象包括：**
>
> - 在整个会谈过程中，教练都在围绕教练对象对会谈的期望结果做出回应。如果有约定的衡量成功的标准，那么这些标准也将得到重视并成为努力的方向。
> - 在谈话期间，教练使用教练对象的关于会谈结果的词语。

- 教练能听到教练对象是否改变方向，并能够检查会谈的结果是否需要改变。
- 除非教练对象改变约定的结果，否则教练将继续朝着约定的结果展开工作。
- 教练检查会谈约定结果的进展情况，以及教练对象下一步可能想把谈话转向哪里。
- 教练的发问和评论与会谈约定的结果有关。

下面的这些例子可以视为有效的教练干预迹象：

"让我们检查一下。你想要在会谈结束时拥有更清晰的想法。现在的清晰度如何？"

"你告诉我，你希望在会谈结束时，把清晰度从接近于 0 分提高到 5 到 10 分。现在数值是多少？"

"那么，你接下来想谈些什么来提高这个清晰度？"

"你希望你的计划非常令人兴奋。你刚才向我描述的这个计划令人兴奋的程度有多大？"

"你一开始就告诉我，你绝对愿意在我们的会谈中对此做出最终决定，现在听起来你好像更不确定了，而不是更确定了？"

关于改变谈话主题的一点提示：

我在很多教练谈话中都听到过这样一个问题，教练对象正在解释关于话题的一些例子，或者与教练分享一些与教练话题相关的故事，但教练却把这误认为是一个"新话题"。这方面的一个例子可能是，当教练话题是职业转变时，教练对象向教练讲述他们对自己职业之外的其他领域缺乏信心。教练可能会认为这是一个新话题，并问："我们现在讨论的是一个关于信心的新话题吗？"而教练对象只是在谈职业转变的一个方面。能够听出这和实际的话题变化之间的区别是非常重要的。更好的回答可能是"听起来缺乏自信是你在职业转变时面临的挑战之一。还有其他方面吗？"

关于教练合约本身的一点提示：

这个评估指标是围绕"会谈结果"设置的。如果你没有澄清会谈的结果，就不可能达到这个指标。

评估指标 5.3 教练与客户合作，支持客户去选择本次会谈的主题

这个指标是关于在整个教练会谈过程中与你的教练对象保持伙伴关系。在这里，我喜欢把它比喻成与客户并肩前行。想象一下，你正在为某个特别的人计划一次自驾游。你会问他们想去哪里，他们希望如何到达那里。你想知道他们在旅途中可能会想做什么，以及你将如何知道这次旅行正是他们想要的。

但你不会因此认为，一切都计划得很完美，现在只要严格按照计划执行就行了。当你们来到十字路口时，你可能会问接下来去哪里？你可能会指着地图说："我们本来计划在这里向左走，但现在已经到了这里，你怎么看？"你们可能会经过一个路标，指示你们去某个听起来非常令人兴奋或有趣的地方。你不会说："没时间去那里了。我们有一个计划，必须按照这个计划进行！"

这就是这个评估指标的情况——就如何完成会谈达成了合约之后，还要在实施教练合约的方式上保持伙伴关系。

在肤浅的、更机械的层面上，我们可以问他们希望谈话下一步去往哪里，但是考虑到这项能力对应的那些关键技术，我们可以与他们合作，把我们对教练对象整体的观察带到这些关于方向的发问中。例如，如果我们听到他们是基于责任感做出所有的选择，但我们知道乐趣是他们的一个重要的价值观，那么我们可以在他们想要从会谈中获得什么的背景下，询问他们关于乐趣的问题。

如果我们有想要尝试的工具、技巧或探究方向，我们可以请求得到教练对象的允许，然后去尝试。或者我们可能已经使用了它们，那么我们可以与教练对象一起检查它们的效果如何，以及是否有其他更好的方法。关于伙伴关系，它总是双向的——我们在观察和回应，同时也提供见解、工具、评论等等。

它确实包括使用一开始共创的那些教练合约的要素，但远远不止于此，它要求在整个会谈过程中每时每刻都要保持伙伴关系。

考核官聆听的几类教练干预迹象包括：

- 教练明显是在利用教练合约中达成的共识，同时也会与教练对象一起检查商定的方法是否有效，是否还有其他更好的方法。
- 教练在谈话过程中询问教练对象对已进行的教练过程有什么看法并且/或者在会谈剩余时间里应该如何改进。
- 教练注意到会谈的方向可能不适合教练对象，并与他们核实情况是否属实。
- 教练询问这些工具、方法或探究方向对教练对象来说是否是最好的。
- 当谈话到了一个十字路口时，让教练对象选择下一步该走哪个方向。

- 教练认识到谈话中出现新的可能的方向，并通过分享自己的观察和征求他们的意见来与教练对象合作。

下面的这些例子可以视为有效的教练干预迹象：

"就这个话题你想要从哪里开始？"

"你想要怎样探讨那个话题？"

"就我们开始的话题来说，我们现在进展如何？"

"你现在对这个话题有什么想法？"

"你现在在这个话题上进展到哪里了？"

"我们到现在为止所做的探讨方向正确吗？"

"我们约定的时间刚好进行了一半。想一想你的目标，你现在离它还有多远？"

"我们现在还有15分钟，在这段时间里，我们的重点应该放在哪方面？"

"你希望谈话接下来去往哪里？"

"这个想法的下一步是什么？"

"你接下来想要关注什么？"

"为了实现（这次会谈的结果），你还需要探讨什么？"

"你提到了三个议题。你想要重点探讨哪一个？"

"你希望按照什么顺序来探讨这些话题?"

你会看到,有很多途径去实现这种与教练对象的合作。每当你听到自己正在暗自思量下一步到底该谈什么的时候,请把它变成对教练对象的一个发问。他们最有资格回答这个问题!

关于共创,我还想提醒几句。它并不意味着你放弃对教练过程的所有责任,只是把它转交给了教练对象。它毕竟是"共创"。它是一种合作,你邀请他们进行信息输入,但是你对教练过程负有总体上的责任。它不应该妨碍教练对象实现他们的目标。这可能会出现在下列情形中:

- 教练彻底放弃参与教练过程,教练会谈缺少目标和方向。

- 教练只是"跟随"教练对象。有一些教练认为,教练工作就是跟随教练对象去往他们想去的任何地方,而这就意味教练过程可能缺乏挑战和方向。你已经帮助他们设定了一个目标,因此你需要牢记这一点,而且可能需要在他们似乎忘记了目标时重新提起这个目标。共创仍然给你保留了机会去打断教练对象的探讨并更深入地挑战他们,或者向他们指出这种探讨似乎是在原地绕圈子!

- 教练在最后的几分钟里使用共创而没有留出时间来

做行动计划。很重要的一点是，教练对象要有时间去反思这次会谈并且展望未来的行动，把这一次探讨的成果转化为某种行动计划。教练需要确保在会谈最后留有时间做这件事，因此这时不要询问："你想要在最后的几分钟里做什么？"而是要目的明确地引领他们进入最后的阶段，留出空间来邀请他们反思关于自身和话题的学习收获，并且思考他们将如何运用那些学习收获，以及什么可能会阻碍他们，等等。

下面还有两种具体的情形，是关于共创可能会给教练会谈带来麻烦：

• 教练对象真的卡住了！这时候询问教练对象什么会帮助他们摆脱卡住的状态，这可能会有用，但是从我的经验来看，这样做往往会使教练对象更加沮丧，因为毕竟他们被卡住了！他们不一定知道如何摆脱卡住的状态，所以你可能需要找到一种方式支持他们应对卡住的感受，使它变得可以接受，例如："这很正常。我们都会有卡住的时候。让我们一起来查看一下。"或者也许你有办法帮助他们摆脱卡住的状态，比方说，设法帮助他们感觉到有更多的解决办法："假如你拥有你需要的所有资源去充分地处理这件事，你会做什么？"

· 教练对象初次接触教练活动，还不了解一名教练会采取哪些不同的工作方式，因此就很难回答这样的问题："今天哪种方式会更适合你？"我发现，共创是一个不断发展的过程——教练对象和教练一起工作的时间越长，他们就越了解那些在教练过程中对他们最有帮助的东西。他们也会更习惯于教练会谈中可能出现的各种不舒适的感觉，并且更愿意为了取得突破而进入不舒适区。对于初次接触教练活动的客户，共创仍然是很有用的，不过要注意，不要把它过多地用在关于教练过程的发问（"什么会对你最有帮助？"），而要用于教练内容的发问（"你想要先探讨这些话题中的哪一个？"）。

评估指标 5.4　教练表现出想要对客户了解更多的好奇心

这个评估指标要求教练在教练合约的背景下询问客户和他们的想法。如果是不符合教练对象议题的好奇心，将不会给予加分。

这些发问应该在有关当下话题的觉察和行动方面推动教练对象前进。如果发问附有任何"正确答案"，那么它们将被视为违背这项指标的迹象。

发问应当基于教练对象在谈话中提供的信息。如果发问总体上是收集信息以供教练了解更多细节，或者看上去与教练对象所说的话无关，或者不是基于教练对象所说的话，那么这项指标将不会得分。

这保证了教练始终处于好奇的学习者的位置。

> **考核官聆听的几类教练干预迹象包括：**
>
> - 教练的发问表现出对教练对象及其思考、感受、处理和认知方式的真正好奇。
> - 教练经常性地以一种有可能使教练对象朝着期望结果前进的方式，要求教练对象对话题发表看法。
> - 教练听到机会去探讨教练对象对自己的认知，并且带着真正的好奇心进行探讨。
> - 教练的发问帮助教练对象更多地了解自己，了解他们的思维、感受和认知方式。
> - 教练通过沉默来展示他们的好奇心。
> - 教练在教练合约的背景下，为了取得议题上的前进，对教练对象的身份、背景、生活环境、信念、需求等表现出好奇心。

下面的这些例子可以视为有效的教练干预迹象：

"你刚才说你现在真的是在说重要的事情。你说的重要的事情到底是什么?"

"我听得出你声音里的沮丧。这种沮丧是因为什么而产生的?"

"上次你提到你不想让这件事变成一场竞赛,今天你又说了同样的话。请你详细谈一谈。"

"我能看到你在思考这件事。你能不能和我分享一下你的想法?"

"你说你想做一名真正的领导者。现在你的领导力的哪些方面让你感到不自信?"

"你想要成为一名为他人赋能的领导者,你的这些不同方面会如何影响这个目标?"

评估指标 5.5 教练允许客户沉默、停顿或思考

在教练工作中,总有另一个层次的沉默值得追求。沉默往往比最好的发问更有价值!保持安静并允许教练对象继续思考,这是一份厚重的礼物,但这个礼物往往被无意识地忽略了,因为教练太过努力地想要"增加价值",而没有觉察到教练对象仍在处理或思考。沉默为教练对象创造了空间,让他们与自己更加亲密——接触他们自己的想法,并允许他们的智慧浮出水面。智慧往往来自内心深处,它需要时间来浮出水面,按照它自己的时间节奏来到头脑的意识层,并引起教练对象的注意和思考。

在通往大师级的旅程中，聆听过程往往包含着越来越多的沉默。新手教练在听到教练演示时经常会说，他们认为长时间的沉默一定会让教练对象感到不舒适。参加演示的教练对象经常会对此感到惊讶，因为他们没有意识到演示中有长时间的沉默，或者他们会说："不，这很棒，我一点也没有觉得不舒适。"

记住，你不是"仅仅保持安静"——你是在给这个空间注入信任，即使教练对象没有或无法表达出来，他们也会感觉得到。在现实生活中，很少有人能得到这样的机会：在彼此信任中谈话和思考而不被打断或催促。这就是这里所说的沉默的本质。这是你的当下感的一种表达，而不是积极聆听的表现。作为当下感的一种表达，它可能会让人感到清醒、兴奋、信任、热情。它是关于教练有意识地创造反思、觉察、融合的时刻，或者有利于更深入地进行探索。

> **考核官聆听的几类教练干预迹象包括：**
>
> - 教练在会谈的关键时刻保持沉默，展示出他们保持当下和同在的能力。
> - 教练把处理他们想法的责任留给了教练对象——例如，教练对象显然处于思考中，而教练以保持沉默来表明信任教练对象可以做出最好的思考。

- 教练注意到教练对象什么时候需要捕捉他们的想法——例如,教练对象开始写下想法,而教练保持沉默。
- 教练观察教练对象,必要时保持沉默,让教练对象进行更深入的思考,并尊重教练对象的思考速度。
- 在会谈中,教练给予教练对象时间和空间去感受他们的情绪。
- 当教练对象花时间处理自己的思想、想法或感受时,教练是耐心、放松的。

下面的这些例子可以视为有效的教练干预迹象:

教练明显是在观察着教练对象,并对何时保持安静做出有意识的决定,以便教练对象能够思考或反思。

教练耐心并放松地给予教练对象所需的空间去处理信息和沉思。

当教练对象感受和处理强烈的情绪时,教练从容地与他们共处。

学习要点

清晰地描述教练合约并遵守它,除非教练对象希望改变它。

在教练合约的范围内保持好奇——对人和事保持好奇。

当强烈的情绪出现时,保持头脑清醒。

与教练对象并肩前进,注意到他们何时开始改变前进的方向;询问他们在实现目标的过程中进展如何,以及什么会更好或最好地帮助他们。

C. 有效地交流

教练实践的过程,
是我们更成为我们自己的过程。

核心教练能力 6：
积极聆听

核心教练能力：

定义：关注客户在说什么和没说什么，以充分理解交流的内容在客户的生活背景中的意义，并支持客户的自我表达。

（1）考虑客户的背景、身份、生活环境、经历、价值观和信念等，以更好地理解客户所交流的内容。

（2）复述或总结客户交流的内容，以确保清晰和准确理解。

（3）当客户交流的内容有未尽之意时，及时发现并询问。

（4）留意、认可并探讨客户的情绪、能量变化、非语言暗示或其他行为。

（5）综合客户的话语、语调和肢体语言去判断所交流内容的完整意义。

（6）留意客户在多次会谈中表现出的行为倾向和情绪倾向，以识别重复的话题和模式。

Ⓒ 国际教练联合会（ICF）

积极聆听的 PCC 评估指标：

6.1 教练的发问和评论是基于教练对客户本人及其处境的了解而量身打造的。

6.2 教练询问或探讨客户使用的词语。

6.3 教练询问或探讨客户的情感。

6.4 教练探讨客户的能量变化、非语言暗示或其他行为。

6.5 教练询问或探讨客户目前如何理解自己或他们的世界。

6.6 教练允许客户把话说完，除非有明确的教练目的才会打断客户。

6.7 教练简练地复述或总结客户交流的内容，以确保清晰和准确的理解。

ⓒ 国际教练联合会（ICF）

核心教练能力

聆听位于教练活动的中心。教练工作离开聆听就无法运转。

聆听的中心是教练对象的议题。教练需要通过聆听去真正理解教练对象想要的东西的实质、谈话中传递出的自身潜能、阻止他们行动的恐惧、激励并支撑他们追求目标的激情，以及其他很多信息。

这种聆听需要在教练合约的框架内进行——聆听以教练对象的欲求为背景。这意味着教练更有可能听到是什么阻碍了教练对象，什么可能是帮助他们前进的最有效的跳板。

它在支持客户自我表达——创造空间让教练对象充分探索话题以及相关的思想、感情和尚未发现的智慧。为了做到这些，教练应保持沉默，但是还需要看清何时应该进一步探索以及何时应该追问教练对象，请他们"再多谈一谈"他们的情感、行为、语言和准则等。聆听应该关注议题（教练对象的欲求），但是也应该关注教练对象的整体——那些构成一个完整生命的恐惧、信念、价值观和激情等。

我们还要聆听教练对象想要成为谁——然后聆听他们正在成为那个人的迹象。

为了实现这个水平的聆听，我们需要先掌握我们的联结技术——"核心教练能力 4：培养信任和安全感"。我们需要联结到教练对象的整体，它极其富有智慧和创造力——完全有能力实现他们想要实现的任何目标。不要联结到一个需要我们帮助的人！如果我们从教练对象"需要帮助"的角度去聆听，那么我们将不能听到和发现：

- 教练对象能用于这个话题的自身的优势、技能和品质。
- 导致教练对象迟迟不采取行动的那些恐惧、担忧和限制性信念。
- 教练对象在人世的激情、爱、渴望和潜能。

因此，积极聆听是指既能听到对于话题和期望结果什么是重要的，又能听到教练对象的欲求和整体。如果我们只是去聆听话题和可能的解决方案，那么我们就会极大地限制教练对象和谈话，不能支持他们成为更好的自己。

这是一项十分令人兴奋的、变革性的能力，它为其他所有的能力增添了神奇的力量，使它们焕发生机，既支持有效地解决问题，又支持人类进化。

你的考核官关注的是你有能力注意到教练对象在谈话中提供的信息，不管是用语言明确表述的信息还是无意中体现在语调、能量、肢体语言等方面的信息，而且你能够结合教练合约去把握这些信息。

聆听的范围，在评估"积极聆听"的关键技术中有明确的要求：

（1）教练对客户所传递的关于客户和议题的信息的关注深度；

（2）教练在多个层面上聆听的能力，包括词语的情感和实质性内容；

（3）教练对客户潜在的信念、思维、创造和学习的倾听能力，包括识别语言、情绪和行为上的不一致；

（4）教练聆听和整合客户语言的能力，以及邀请客户进行更深层次探索的能力。

© 国际教练联合会（ICF）

PCC 评估指标

评估指标 6.1　教练的发问和评论是基于教练对客户本人及其处境的了解而量身打造的

随着我们在多次会谈中聆听教练对象，我们逐渐认识到：他们是谁，他们怎样才能最好地思考，他们怎样看这个世界和他们自己。这应该反映在我们对教练对象的发问和语言运用上。我们的聆听不应是线性的，不应总是只陷于当下出现的信息；我们的聆听应该是多维度的。因此，我们会听到客户倾向于如何处理观点和挑战以及他们如何运用语言。这种聆听是跨时间的，既关注教练对象的话题或处境，又关注他们的整体。

这种对教练对象不断增加的了解和觉察，应该反映在我们对他们个人以及他们的话题／处境提出评论和发问的方式上。

这个评估指标期望教练将自己对教练对象或他们处境的了解引入教练工作中。

> **考核官聆听的几类教练干预迹象包括：**
>
> - 教练从多次会谈和／或当前的会谈中了解教练对象，并将这些了解融入他们的发问和评论。
> - 教练根据客户使用语言的方式调整他们的发问和评论。
> - 教练的发问和评论反映出教练所听到的关于教练对象背景的信息，包括他们的文化、世界观、年龄、家庭情况等。
> - 教练根据客户对语言、词语和概念的使用，精心设计他们的发问和评论，以适应客户的节奏和思维模式（例如视觉思维或动觉思维）。
> - 教练听到教练对象在教练关系持续期间取得的进步，并将其反馈给教练对象。

下面的这些例子可以视为有效的教练干预迹象：

"我注意到上次我们谈话时你告诉我说你很有创造力，现在你感觉毫无办法。请告诉我，那个有创造力的你会怎样解决这个问题？"

"我记得你非常喜欢猜谜语。假如这是一个谜语，你会怎样对付它？"

"我记得在以前的会谈里你说过，在你解决问题的时候，对你很有用的一个方法是先找出所有出错的地方，然后采取积极的行动去扭转它们。我们是不是可以把这个方法用在现在的问题上？"

"我知道自由对你来说极其重要。你对我说过它就像是你的'氧气'。那么这个目标会带给你多大的自由？"

"当你进入这个新的角色时，你作为一个人和一名领导者，需要如何成长才能最大程度地发挥你的潜能？"

"上一次我们在一起制订一个计划时，你说过你想要先进行高水平的头脑风暴。这个项目是不是也要这样做呢？"

"我知道这个项目让你承受了巨大的压力，我想要核实一下，这个行动计划是加重了还是减缓了那种压力？"

其他的一些迹象包括：教练改变节奏去适应教练对象，或者运用教练对象特有的语言，如视觉语言或情感语言，而不是运用教练自己最常用的词语。

评估指标 6.2　教练询问或探讨客户使用的词语

这个评估指标需要敏锐的识别能力，要求不仅能听到话语，还能听到语言背后的能量。有些词会被反复使用，或者以一种不寻常的方式被使用，或者在谈话中显得很突兀。它们可能有不同的表达方式——欲言又止、很安静、能量非常高……它们可能是说出的一个比喻，或者它们可能听起来对这个话题很重要。

这些词语是我们最有可能唤起新思考的地方。它们还让我们能够深入分析教练对象建构的一些概念。例如，教练对象说："你知道，这感觉就像春节。"教练可能知道春节对他们意味着什么，所以错过了机会发问："春节对你来说是什么样子的？"

也许教练对象的春节是温暖的、充满爱和关怀的时光，或者是充满冒险的旅行时光，或者是痛苦的、与家人的矛盾一触即发的时光……

这意味着需要觉察到我们自己的头脑过滤程序，因为如果我们对此毫无意识的话，我们就可能会对应该挑战或探索什么以及应该忽略什么做出错误的决定。

因此，这里的关键是识别能力——分辨哪些词和短语应该深入探讨以及哪些应该忽略（至少是在当下——如果同样的词重复出现的话，那么它们可能会成为教练的一个关注点）。

> **考核官聆听的几类教练干预迹象包括：**
>
> - 教练能够识别出最值得进一步探讨的词和短语。
> - 当教练对象提到可能有不同意思的概念或词语时，教练会听到，并要求教练对象详细说明。
> - 教练询问教练对象他们所使用的词语的意思。
> - 教练解释一个词语对他们来说意味着什么，并询问教练对象他们的理解是否正确。

下面的这些例子是可以视作迹象的几类教练干预：

"'冒险'这个主题前面就出现过。请再跟我谈一谈'冒险'对你意味着什么？"

"请再谈一谈'正直'对你意味着什么？"

"我听到存钱对你非常重要。是什么让它如此重要？"

"你每次说起'改变局面'的时候似乎都变得充满了能量。你如何知道你正在真正地改变局面？"

"你多次提到'沮丧'。关于这件事,最让你沮丧的是什么?"

"当你谈论'服务型领导'时,它对你意味着什么?"

"当你谈到春节的时候,我感觉到它对你来说是一个艰难的时刻。是这样吗?"

教练在听到不清楚的概念和词语时,能够不对它们的含义以及它们将如何影响教练对象和他们的话题做出假定。

评估指标 6.3 教练询问或探讨客户的情感

情感有巨大的力量去唤起觉察、激发改变,并带来改变所需的能量。它们也是通向深入探索和发现无意识障碍和阴影的大门。

这是教练工作里非常令人兴奋的一个方面,因为如果做得好的话,情感探讨经常能够在觉察和激发改变上带来令人吃惊的突破。

要掌握这一点,需要有勇气面对这些强烈的情绪,询问强烈的情感并且为教练对象创造空间去安全地探讨那种情感。在日常生活和许多教练会谈中,恐惧和强烈的情感经常被压抑,而不是被允许充分地表达出来——人们往往采取极端措施去避免坦露情感,因为害怕不知道它会带来什么后果!具有讽刺意味的是，这种对情感的开放恰恰能够帮助教练对象看到这种情感是安全的、容易驾驭的：当我们陪伴一种情感，允许它显现——我们有勇气和它在一起，对它充满好奇——它往往会快速地消退并让我们复归平静。

因此，这项指标要求我们有勇气以一种安全的、具有温和的挑战性的方式去探讨教练对象的情感。我说"挑战性"，是因为即使是关爱地、温和地引入对强烈情感的探讨，也有可能让教练对象感到艰难。它甚至可以是一种通常所谓的"正向情感"，比如幸福感。我记得有一位客户"害怕幸福的感觉"，因为她是这样说的："每当你感到非常幸福的时候，一件可怕的事情很快就会来临！"

所以，在这项指标中，我们有被邀请去倾听那些能够强有力地探索教练对象情绪的机会，并带着好奇心和勇气去探索。如果只是注意到这种情绪并仅仅说你看到了，这不算是探索。因为教练对象表现出了强烈的情绪而让他们休息一下，也不是什么好办法。在教练工作中，处理情绪的力量在于探索，应深入地探索在教练对象体内流动并引发情绪反应的能量背后的潜能。

当我们帮助教练对象"感觉更好"而不是利用当下的潜能时，我们就失去了突破的机会，并强化了情绪是不舒适的甚至是不受欢迎的这样一种概念。这是一个为教练对象示范的机会，让他们看到即使是非常强烈的情绪也是健康和可接受的，从而深入探讨当前的话题并为他们创造空间来提高他们的情商。

> **考核官聆听的几类教练干预迹象包括：**
>
> - 教练聆听教练对象谈论情感并且邀请他们进一步探讨。
> - 教练注意到教练对象在语调、肢体语言和情绪上的能量变化并且询问那些引发这种变化的情绪或感受。
> - 教练问及由教练对象讲述的故事所唤起的情感。
> - 教练注意到教练对象表现出的声音和语言之间的不和谐。
> - 教练能够自然舒适地回应和处理客户的情感。

下面的这些例子是可以视作迹象的几类教练干预：

"刚才你深吸了一口气，向后靠在座位上并且露出了笑容。发生什么了？"

"你在谈那件事的时候说话的声音有一点伤感。那背后的情感是什么？"

"你今天很安静。现在你有什么感受?"

"你谈了很多关于这个新角色不被认可的感觉。那对你有什么影响?"

"我发现这激起了一些强烈的情绪。他们向你传达了什么信息?"

"我听到你说你很兴奋,但你的声音相对而言似乎更平淡。"

"跟我说说你刚才提到的沮丧吧。"

评估指标 6.4　教练探讨客户的能量变化、非语言暗示或其他行为

这里我们拥有的是高水平的积极聆听,它超越词语来到这样一个空间:教练注意到更微妙的语言和非语言模式,以及这些模式的变化。例如,某一位教练对象通常会因为一个新想法而兴奋,但这次却突然沉默不语;另一位教练对象正在轻松地谈论一个话题,但突然停顿了一下,用力吞咽,然后继续。这个评估指标完全是关于对这些细微变化的注意和探讨。

这是通往新的觉察和突破的有效途径,因为客户说话方式的这些微小变化往往反映了内部的转变、领悟或障碍——有时甚至是在教练对象注意到它们之前。

如果我们听到教练对象在一个短语上犹豫了一下，然后加快语速，那么打断他们并为他们复述这个细微的停顿或变音，这可能会开启全新的探索。当然这只是一种可能性！你的考核官不会因为你问了这个问题却没有任何收获而给你扣分。我们永远不可能精准地预测哪些发问或干预是最强有力的，但是关键是要去检验一下那些我们感到不和谐或能量发生变化的地方，它们引起我们的注意并且激发我们的直觉或好奇。如果避而不谈，这种机会就消失了，而且在接下来的谈话中教练对象经常会感觉思想不集中，因为在他们的内心里，引发那种语调变化或犹豫的某种东西在干扰他们。

这意味着不仅仅是要注意到这些事情，还关系到询问它们，探索它们的潜能，并利用它们来推动客户获得更强大的洞察力、觉察或创造力。因为这些都是表面之下正在发生的事情的暗示。在教练对象的内心深处有一种潜能在运动，而且很可能是无意识的。

我经常听到教练说"我看到你笑了"或"这对你来说似乎是一个情绪化的话题"，但接下来并没有对这种复述进行深入询问。没有跟进的探讨，就不会有新的觉察。这甚至会让教练对象分心，因为他们会停下来考虑你给他们复述的任何事情。

可以把这看作是一种支持教练对象顺利进入深入思考过程的途径。例如："我能看到……请你谈谈这一点吧。"我们越是减少对正在发生的事情的分析并只是对其保持好奇，我们干扰他们思绪的概率就越小。

> **考核官聆听的几类教练干预迹象包括：**
>
> - 教练注意到客户的语气、语速或语调的变化并且把它们复述给教练对象，邀请他们进行深入探讨。
> - 教练有信心探讨这些变化，并敢于面对可能引发的情绪。
> - 教练能够在适当的时候深入探讨，在教练对象的回答基础上跟进发问（换句话说，不是仅仅问一个问题就转向别处，而是利用对方的回答向前推进）。
> - 教练注意到教练对象回答问题的模式，并表现出对这些模式的好奇。

下面的这些例子是可以视作迹象的几类教练干预：

"在你刚才说话的时候，我注意到你犹豫了一下，然后才继续往下说。在那犹豫的一刻发生了什么？"

"你在说话的时候有一会儿放慢了速度，那时候你想到了什么？"

"你刚才说话的声音低得几乎听不清。发生了什么？"

"在你刚才谈到你对冒险的渴望时,你的能量似乎发生了很大的变化。"

请注意,你必须做出探讨,而不仅仅是复述你所看到的变化。

评估指标 6.5　教练询问或探讨客户目前如何理解自己或他们的世界

当学习这些指标并决定如何使用它们时,检查它们所属的能力和某项能力的目标总是很重要的。那么,这个指标显然是关于询问客户如何理解自己、他们的话题、他们的人际关系或其他任何与他们的教练话题相关的东西。它不是关于在这些方面唤起觉察,实际上它是关于教练倾听和询问教练对象当前的认知。当然,这有可能创造新的觉察,但这个指标是关于探讨当前思维的技术,而不是像我们将在核心教练能力 7(唤起觉察)中看到的那样,帮助他们超越当前的思维去探索。

> 考核官聆听的几类教练干预迹象包括:
>
> - 教练询问、评论并探讨教练对象认识和理解他们的世界的方式,包括但不限于他们的价值观、信念、前提假设、原则和视角等。

- 教练询问教练对象理解自己的方式。
- 教练询问教练对象如何看待这个世界。
- 教练通过教练对象的信念、价值观、生活环境、文化、精神性等来探讨他们的处世方式。
- 教练询问教练对象对世界、他人和自己所持有的假定、信念和故事。
- 教练探讨这些感知和处世的不同方式如何影响教练对象所经历的现实。

下面的这些例子是可以视作迹象的几类教练干预：

"你一再提到她从来不听你的话。这让你对她有什么看法？"

"想一想那个项目，关于它，你有哪些前提假设？"

"如果你的这次努力真的失败了，这对你来说意味着什么？"

"你自己在这件事上的视角是什么？"

"你怎样理解这个处境？"

"你总是谈到正直和诚实。假如你从正直的视角看这件事，你会看到什么？"

"你怎样向自己解释这件事之所以如此困难的原因?"

"事后回过头再看那件事,你现在怎么看它?"

"我听你说过几次,你是给团队带来快乐的人。你对自己的这种看法在你的团队互动中是如何表现的?"

"你说你相信自己,但你说这句话时声音听起来很不自信。你真正相信自己的程度有多高?"

评估指标 6.6　教练允许客户把话说完,除非有明确的教练目的才会打断客户

这个指标让我非常感兴趣,因为它是关于有意识地运用打断来创造"流动"。需要了解的是,我们所说的教练谈话的"流动"是什么意思。很多教练在反馈会谈中告诉我,他们不想打断教练对象,因为当时教练对象正处于"流动状态"。但是什么在流动呢?如果是在讲一个长故事,为他们的选择辩解,或者陷入思维的循环,那么这种"流动"是毫无益处的。我发现询问教练对象的进展是很有帮助的——他们是否在觉察、清晰度或创造力等方面向前迈进了?

如果是无益的"流动",那么我们需要准备好打断对方,以便让教练对象进入更有资源的空间。这就是运用打断服务于教练目标的地方。

你可以明确地说明打断对方的"教练目的",也可以不说明。这也许不是必需的，因为你接下来做的事情会使目的变得清晰。如果打断明显符合教练合约，并支持教练对象朝着约定的方向发展，那么它很可能被认为是一种强有力的干预。

当你的多次打断形成毫无价值的干扰时，考核官会给你扣分。例如，它们频繁出现，或者它们让教练对象偏离轨道，或者它们经常出自教练的成见或了解细节的需要。许多教练用很多声音来鼓励他们的教练对象，比如"哇""啊哈""太棒了"等词语。虽然这样做的目的是为了支持和鼓励教练对象继续说话，但实际上这样做会破坏谈话的流畅性，被认为是糟糕的做法。当然，一些鼓励的话是好的，但我建议你听听自己的教练录音，注意自己是否过于频繁地使用这些话语，尤其是是否每次你这样做时教练对象都会停顿一下。那么你的做法可能有极大的干扰性。

考核官聆听的几类教练干预迹象包括：

- 当教练对象在思考和处理问题上明显向前推进时，教练保持沉默，允许教练对象继续说话。
- 教练允许教练对象讲话结束后保持沉默，以便让更多的想法出现。

> - 当教练对象"在原地打转"或讲一些似乎与他们的议题无关的长篇故事时,教练会打断他们。
> - 如果教练的确打断了对方,他们会明确说明这样做的原因。
> - 如果教练的确打断了对方,他们这样做,需要有一个明确的服务于教练合约的原因。

注意,你不需要为了通过这个指标考核而在会谈中打断对方。如果没有理由这样做,你要允许教练对象从头到尾讲完他们要说的话,那么这个指标就成功达到了。

下面的这些例子可以视为有效的教练干预迹象:

"很抱歉打断你。我清楚地听到这对你来说有多沮丧,我也知道你渴望做出改变。我想知道,你从哪里可以找到摆脱这种循环的可行方法。"

"很抱歉打断你。你告诉过我,如果我认为你在不停地发牢骚,就应该介入。现在是这样的时候吗?"

"我能听到这里还有很多事情要考虑,而且我知道你说过你很想留出时间来讨论我们议题的第二部分。我们只剩下15分钟了,我想问问你是想继续讨论这部分还是开始向后进行?"

评估指标 6.7　教练简练地复述或总结客户交流的内容，以确保清晰和准确理解

这个指标是关于教练在复述和总结教练对象实际所说的内容时所做的工作。在其他的一些指标上分享直觉（比如说）会给予加分，但这里是关于聆听和总结的。此外，它是为了确保客户的清晰和理解，而不是为了教练的清晰和理解。它是为了支持教练对象形成新的想法和概念，使他们能更深入地应对挑战，或者对令人困惑的事情产生清晰的认知。

例如，教练对象用几种不同的方式表达了同一件事，教练帮助他们总结所听到的内容，这样教练对象就能抓住要点。

如果教练对象正在形成一个对他们来说很模糊的新概念，教练可以复述自己听到的内容，这样教练对象就能听到并做出回应。

也许理解这个指标最好的方式是看看它不是什么。它不是：

- 一字不差地重复教练对象的话；
- 复述他们每次说的最后几个词；
- 在发问前，总是复述教练对象所说的话；
- 拥有这样一种教练方式：不断重复教练对象说的最后几个词或他们所说的全部内容。

这些行为往往对教练对象的思维过程产生不利影响。它们往往会促使教练对象更多地谈论他们已经知道的东西，而不是支持他们超越现有的觉察去进行思考。它们还会拖慢教练对象的速度，扰乱他们的思维过程。它们将被视为这个指标的不合格迹象。我建议你听听你的教练录音，并注意你这样做的成分占了多少。许多教练这样做的次数远远超过了他们觉察到的次数。

> **考核官聆听的几类教练干预迹象包括：**
>
> - 教练总结教练对象所说内容的核心或实质（而不是逐字重复）。
> - 教练复述教练对象所说的话，并给教练对象空间来确认这些话是否代表了他们的想法。
> - 教练在复述或总结时使用客户自己的措辞。
> - 教练的复述或总结简明扼要。
> - 教练的复述或总结方式有助于教练对象获得更高的清晰度和更准确的理解。
>
> 注意，教练也可以要求教练对象总结自己所说的内容，以支持教练对象对自己所说内容的清晰或理解。

下面的这些例子可以视为有效的教练干预迹象：

"你提到你感觉更清晰了，你感觉更坚定了，但你仍然对此有很多复杂的感受。是这样吗？"

"当你列出你对那件事的不同感受时，我听到了不安、沮丧、希望和愤怒。"

"你刚才说话的时候，我听到了三个关键主题……（分享主题）。我说对了吗？"

"看来你现在对这一点越来越清晰了。我听到（……）。是这样吗？"

学习要点

确保你的好奇心贯穿始终——我们的积极聆听最有力地展现在我们注意、询问或探索：

- 客户使用的词语；
- 客户的情绪；
- 客户的能量变化；
- 客户的非语言暗示。

要对教练对象的行为以及这些行为来自哪里、会导致什么保持好奇。

确保你的用词和你使用的语言方式能反映你的聆听。

要对教练对象如何看待自己和世界，以及这种看待方式如何影响他们一贯的行为结果保持好奇。

聆听教练对象所说内容的关键主题和实质，并简明扼要地复述。

核心教练能力 7：
唤起觉察

核心教练能力：

定义：通过运用各种工具和技巧，比如强有力的发问、沉默、隐喻或类比等，去促进客户领悟和学习。

（1）在决定什么可能最管用时考虑客户的阅历。

（2）挑战客户，以此唤起其觉察或领悟。

（3）作出关于客户自身的发问，比如他们的思维方式、价值观、需求、渴望和信念等。

（4）通过提出问题来帮助客户拓展思维。

（5）邀请客户更多地分享他们当下的体验。

（6）留意到是什么在推动客户前进方面起作用。

（7）根据客户的需求调整教练方式。

（8）帮助客户发现那些会对目前和将来的行为模式、思维模式或情感模式产生影响的因素。

（9）邀请客户就他们如何才能前进及他们愿意或能够做什么这些问题做出思考和回答。

（10）支持客户形成新的视角和观点。

（11）分享观察、领悟和感受，但并不执着于它们的对错。这些分享有可能为客户创造新的学习机会。

©国际教练联合会（ICF）

第二部分　PCC 评估指标

唤起觉察的 PCC 评估指标：

7.1 教练提出有关客户自身的问题，比如他们目前的思维方式、感受、价值观、需求、愿望、信念或行为等。

7.2 教练提出问题，帮助客户超越他们当前的思维或感受，以新的或扩展的思维方式或感受方式去探索自我。

7.3 教练提出问题，帮助客户超越他们当前的思维或感受，以新的或扩展的思维方式或感受方式去探索他们的处境。

7.4 教练提出问题，帮助客户超越他们当前的思维、感受或行为，去探索客户想要的结果。

7.5 教练分享观察、直觉、评论、想法或感受，但不执着于它们的对错，并通过语言或语调邀请客户对它们进行探索。

7.6 教练提出清晰、直接的问题，以开放式问题为主，一次提出一个问题，给客户思考、感受或反思的时间。

7.7 教练使用的语言总体上是清晰、准确的。

7.8 教练允许客户占用大部分交谈时间。

© 国际教练联合会（ICF）

核心教练能力

当我们看到对这项能力的描述为："通过运用各种工具和技巧，比如强有力的发问、沉默、隐喻或类比等，去促进客户领悟和学习。"我们就能明白，这一项能力建立在三个原本的核心教练能力之上：

- 强有力的发问；
- 直接交流；
- 创造觉察。

合并这些能力的想法是，它们都是唤起觉察的方式，而且前两者经常一起使用——例如，分享一个观察到的现象（直接交流），然后提出一个强有力的问题对其进行探究。比如当我们问某人从会谈中学到了什么（原本的创造觉察能力），这就是一个强有力的发问。

所以这项更新的能力将这三者结合了起来，更新后的能力的关键技术是：

> （1）教练使用询问、探索、沉默和其他技术来支持客户获得新的或更深层次的学习和觉察。

> （2）教练与客户一起并激发客户探索词语的情感和实质性内容。
>
> （3）教练有能力与客户一起并激发客户探索潜在的信念及客户的思考方式、创造方式和当下的学习收获。
>
> （4）教练有能力支持客户探索新的或扩展的视角或思维方式。
>
> （5）教练鼓励并整合客户的直觉、思维和语言，作为教练过程中的关键工具。
>
> ⓒ 国际教练联合会（ICF）

请注意，以上五项中有四项是关于探索的：更深入地探究教练对象的学习、觉察、思维和创造能力；支持他们采用新的和扩展的思维方式，并在教练过程中整合教练对象的直觉、思维和语言。这意味着它是在积极聆听的基础上对我们听到的内容进行深入探讨。

强有力的发问往往被认为能够创造新的觉察，但它也涵盖了各种非常有力的关于过程的问题。比如教练对象的直觉告诉了他们什么，什么能帮助教练对象更有力地思考，什么会阻碍教练对象前进。请注意，这些信念和教练对象的语言在教练过程中成为"关键"工具。我很喜欢这一点！

我们还需要充分地聆听教练对象使用的词语以及他们如何运用语言，并且基于对教练对象这方面的了解精心准备发问和评论。如果教练对象在谈到一个隐喻时口若悬河，明显地唤起了许多创造力和洞见，那么教练应该有能力发现这一点，然后在谈话中把这个隐喻作为基础并且/或者把它融入他们的发问。如果发问是公式化的或者是从教练培训中套用过来的，而没有很好地与谈话相融合，那么它们往往会导致一种不协调的感觉，从而打断教练对象的思路而不是更好地支持它。

请把教练对象的思考看作是一趟越来越深入他们自己和他们的话题的旅程。我们越是贴近他们的话语，越是紧扣他们的主题，我们就越能帮助他们探索和发掘新的思维、新的区别和新的可能性去推动前进。

在积极聆听中，我们谈过对教练对象持有的价值观、前提假设、信念和视角进行探讨是多么重要。为了实现基于那种水平的积极聆听并真正唤起相应的探讨，我们的发问需要深入这些方面并且提出唤起觉察的问题。唤起觉察类问题会打开思考的新入口，它应该是在一次教练谈话中更常见的问题类型——在一次教练会谈中，发问越是有唤起觉察的感觉，需要发问的次数就会越少。这类发问往往会让教练对象陷入沉思或迟疑。

它们唤起了新的思考和新的觉察。

以下是唤起觉察类的发问举例：

"那对你到底意味着什么？"

"这件事中最重要的是什么？"

"你刚才说这个计划几乎是不可能的。什么会使它不再是不可能的？"或者"什么可能会使它变得可行？"

"设想你在观看这种关系在电影银幕上放映。在你坐着观看时，你注意到了什么？"

"设想现在导演将镜头拉到更广的角度。现在你能看到什么其他的东西？"

"你会邀请谁来看这部电影？他们会看到什么？"

"关于这件事，你的前提假设是什么？"

"你说你需要做一个决定。做这个决定的指导原则会是什么？"

"我听你说现在你对生活感到厌倦。你理想的生活看上去是什么样子的？"

"假如你现在能够重新设计你的生活，你会添加的要素是什么？"

请注意，这些问题能够帮助教练对象探索他们自己、他们的视角和他们的世界，以一种拓展的方式超越了他们以前看待它们的方式。这些问题经常是轻松的和创造性的——比如电影院。这样做使教练对象从目前陷入的处境中抽离出来，并且帮助他们摆脱那些潜在的困扰他们的强烈情绪。例如，当他们坐下来从一定的距离观看他们与妻子的关系时，焦虑感会明显减弱。他们可能会（至少！）更加平静，而这会让他们的好奇心更容易流露出来。

关于"过程问题"的一点提示：

在你聆听大师级的教练谈话时，你将很可能听到更高比例的过程问题。这些问题是在前面共创部分列出的那类问题。它们要求教练对象告诉教练如何发挥自己最大的价值，而不是让教练自行猜测并且非常努力地寻找适合教练对象的方式。例如：

"你想从哪里开始探讨这件事？"

"在做一个决定时，你会如何进行？"

这些问题把"球"传给教练对象，让他们决定在某个时间需要聚焦于何处，这样就使其他的问题更有可能是唤起觉察的，从而更有力量。

关于"分享"的一些思考：

这里要求教练"分享观察、直觉、评论、想法或感受，但不执着于它们的对错，并通过语言或语调邀请客户对它们进行探索"。

对于那些不得不努力保持非引导性的教练来说，这可能是很有挑战性的。记住，这项能力与唤起觉察有关，所以这种分享需要服务于新的觉察。这项能力涉及教练分享自己在客户身上观察到的东西——他们做事、存在和看待世界的模式和方式——它们有可能产生新的觉察。因此，如果教练复述一些非常明显的东西而没有进一步的探索，那么新觉察发生的可能性就非常有限。例如，教练看到客户在哭，说："我看到你在哭。"为了真正唤起觉察，教练需要更好奇地询问，比如说："是什么在让你流泪？"

分享一个更有力的评论，可能听起来更像是：

"我十分清楚地听到你下定决心要把这项业务办好。我还看到你经常因为别人的评判而退缩。"

请注意，这种类型的评论将教练对象的限制性行为置于中心位置，以便对其进行检查。在这个例子里，一个开放式问题不太可能切入核心问题。如果我们问:"什么会让你退缩?"那么教练对象可能没有这个觉察,因而不会提出相关影响因素。

当我们以这种方式分享时,我们需要不执着于它们的对错。这表现在邀请教练对象回应并接受他们的回应。我们可以用语调来邀请探索,强调这是一个问题,然后以沉默来邀请回应,或者我们可以问一个问题,比如:"你认为是这样吗?"

关键是,我们不能在分享我们听到的真相后在没有核查的情况下就继续前进。举个例子,教练说:"我听到这件事在阻碍你。你怎样才能前进?"教练分享了一个评论,然后继续前进,没有给教练对象空间来回答这是否正确。在这种情况下,更有效的方法应该是教练说:"听起来好像这真的阻碍了你。这是真的吗?"

这些由教练提供的种种分享能够以一种支持的、温和的、声援的方式去帮助教练对象感觉到教练的有力支持,并且帮助他们进入更加积极的、富有资源的状态。它还能用来真正地挑战教练对象走上前去或停下来面对一个不舒适的事实或情况;或者打断他们,终止无益的思维模式或方法。

我们与教练对象分享的评论应该有可能为教练对象创造学习和/或前进的动力。这意味着我们的评论(和发问)应该促进新的思维和觉察,而不是引导他们采取某种行动步骤。

让我们举例说明这种区别：

"我注意到，你说你非常想从这里向前迈进，每次我问你可能的行动时，你都告诉我你的家人不会让你做出改变。你需要做些什么来避免这个问题？"

这里开启了一个开放的、非指令性的探索。它挑战他们跳出那个家人阻止他们改变的限制性故事，但是丝毫没有指引他们如何做。请注意下面的区别：

"我注意到，你说你非常想从这里向前迈进，每次我问你可能的行动时，你都告诉我你的家人不会让你做出改变。为了避免出现这个问题，你会如何与你的家人进行交流？"

你能看到第二种发问是在指引行动和思考吗？教练已经做出决定，认为与家人交谈是很显然的一步，因而限定教练对象去思考：如何使它发生？而不是：需要思考什么？会发生什么？

教练"阴影"

这项能力所要求的更深层次的觉察，包括"阴影"这个概念。有时候，我们会邀请教练对象看看是什么阻碍了他们实现目标。是什么让他们不愿意探索新话题呢？

这种对"阴影方面"的探索是对"人"（即问题背后的人）这一概念的扩展。阴影可能是一种限制性的信念、来自他们童年经历的一个故事、他们拥有的一种恐惧或任何以某种方式阻碍他们的因素——通常是无意识的。即使他们意识到这是一种障碍，他们也可能将其视为一个"事实"，而不是一个信念或前提假设。例如，"在这家公司，女性永远不会得到晋升"，像这样一种信念只会被她们简单地接受，并会引导和影响她们的行为和业绩，就好像这是真实的一样——不管它到底是不是真实的。

阴影永远存在于某个地方，却极少引起我们的注意；它通常会扭曲我们看待事物的方式，使事物比实际尺寸放大或缩小；它的本性就是阴暗——细节模糊不清，整体上是代表着鲜活生动的事物或人的一个黑色的轮廓。

这个比喻非常恰当——当我们有一个限制性信念时，它到处追随着我们；它使问题显得更大，使我们的力量显得更小；它将现实中的细节消除，只让我们感到阴暗和局限；而且我们不会注意到它的存在——我们所做的只是不停地责备自己没有采取行动——因而使阴影变得更大并且给予它力量。

说到教练阴影，这个比喻同样很有帮助——只要我们在正确的方向打上灯光,阴影马上就会消失。为了唤起这种觉察,我们需要深入聆听,聆听教练对象用叙述、故事和信念阻碍自己前进的地方,并向他们复述。我们需要在谈话中听到阴影的显现——在语调、模式、借口、故事、信念等方面——并且深入询问我们听到的那些内容——不加评判但是非常好奇——并且随时准备以不带偏好的方式毫无保留地分享直觉。

这种深入探索有助于客户注意并准确说出存在的阴影。这可能足以带来空间、轻松感和创造性思维。我们接着需要进一步探索这一学习收获。例如:

- (这个阴影)一直在对他们起着什么作用?那个意愿是什么?
- 它现在在如何影响他们?
- 他们希望有什么不同的信念?
- 什么会是更灵活的一个视角?
- 假如他们已经拥有了那个信念/视角,他们会如何解决这个问题?他们会做出什么改变?假如这是他们现在选择的视角,他们会怎样看待他们自己?……

上述内容主要阐释了谈话中的"阴影"方面,这当然是很重要的。不过还要记住,作为教练,我们还想知道这里的潜能是什么？给这个想法提供能量的激情是什么？在实现这个目标的过程中，这个人会成为什么样的人？想要取得什么样的突破？他们有什么优势可以在这里运用？

在"进化教练"培训课程里，我们使用了一个貌似简单、实则复杂的模型，我们称之为"症状 / 根源 / 解决方案"。它向我们说明我们需要把每个教练话题仅仅当作一个症状来对待。我们真正好奇的不是从"症状"直接去寻找解决方案，而是去问：这个教练话题的根源是什么——这个症状的核心是什么？

例如，如果某人想要改进时间管理，那么这个"不善于管理时间"症状的根源是什么？

如果教练对象一直对工作感到厌倦（症状），那么这种厌倦的根源是什么？这种厌倦想要告诉他们什么？在什么情况下他们会一觉醒来迫不及待地想要开始工作？你对于"人"的深度好奇将极大地影响围绕着"事"而提出的解决方案的质量——帮助某人理解导致时间管理出现问题的原因，然后利用那个新觉察帮助他们围绕当下话题的真正根源设计行动，这样将会带来更有力的结果。

有很多工具可以用来培养你在这项能力上的技术，我承诺过会把重点放在评估指标上，所以现在就不去探索那些了。"进化教练"培训课程中有很多这样的工具。如果你想加入我们，请给我留言。下面让我们进入唤起觉察的评估指标。

PCC 评估指标

评估指标 7.1 教练提出有关客户自身的问题，比如他们目前的思维方式、感受、价值观、需求、愿望、信念或行为等

马塞尔·普鲁斯特（Marcel Proust，1871—1922）曾说过："真正的发现之旅不在于寻找新的风景，而在于拥有新的眼睛。"这对于教练工作来说再正确不过了。一旦教练对象拥有"新的眼睛"，或者说能以不同的方式看待事物，面前的风景瞬间就会变成一个拥有更多可能性和更大潜能的空间。从一个视角看来似乎是不可能的事情，换一个角度就会变成理所当然、毫不费力的事情。

这项指标邀请教练将教练对象带入这个新的风景中，当然前提是先弄清楚他们如何看待当前的风景——他们现在戴着什么样的眼镜在观察生活，那副眼镜对他们产生了什么影响。请记住，这项指标与唤起觉察有关——你发问的目的是引起教练对象对当前思维方式、感受等的觉察。他们最终也许会有新的发现，也许会重新确认他们目前的模式。

> 考核官聆听的几类教练干预迹象包括：
>
> · 教练邀请教练对象探索他们目前的思维方式或感受，或询问他们与谈话主题相关的价值观、需求、愿望、

信念或行为等。

- 教练询问教练对象的思维方式或自我感觉，或询问教练对象与自身相关的价值观、需求、愿望、信念或行为等。
- 客户提出他们对自己或他们的话题的感受、想法或行为，教练进一步探讨。
- 客户提及他们与教练主题相关的价值观、需求、愿望或信念，教练进一步询问。

下面的这些例子可以视为有效的教练干预迹象：

"你在这里做出的前提假设有哪些？"

"这个目标对你而言重要的是什么？"

"这会给你的生活带来什么意义？"

"这个目标让你非常害怕的是什么？"

"当你要做出一个艰难的决定时，你如何着手去做？"

"关于自由你谈了很多。自由在这里有怎样的关联？"

"是什么在真正地驱动你去实现这个目标？"

"想象一下，你坐在电影院里，正在观看银幕上演出的这段感情关系。你注意到了什么？"

评估指标 7.2　教练提出问题，帮助客户超越他们当前的思维或感受，以新的或扩展的思维方式或感受方式去探索自我

这项指标具体关注的方面是：

（1）发问必须带来新的思考；
（2）这种新的思考应该以教练对象为中心而不是以话题为中心。

因此，你的发问必须是上面提到的"唤起觉察"发问。发问应该帮助教练对象跳出当前的觉察或视角去审视自己。

这是关于"人"的，所以发问的内容可以帮助教练对象探索他们如何看待自己或世界——他们的世界观绝对是"人"的一部分。这可能包括对他们的价值观、信念、自我概念、自我形象和自我价值的探索，所有这些都会影响他们在自己的生活和所处环境中的表现。在探索这些存在方式时，重要的是要记住，在尊重他们的背景、文化、生活环境等的基础上，尤其要对这些存在方式表示尊重。有了这种尊重，就有很大的自由去探索他们的精神、性别取向、性身份、宗教信仰等，以及这些东西如何影响他们的生活。

考核官聆听的几类教练干预迹象包括：

- 教练的发问邀请教练对象去挑战他们自己的想法——去思考那种想法是什么以及它所产生的影响。
- 教练的发问帮助教练对象探索是什么构成了他们的世界观，以及这些因素如何影响他们当前的体验。
- 教练的发问帮助教练对象创造新的觉察，重新审视他们为自己讲述的关于人生的故事以及什么对于他们是可能的。
- 教练的发问有可能推动教练对象在看待他们自己和他们的潜能的方式上取得进展。
- 教练支持客户从不同的角度看待自己。
- 教练的发问帮助教练对象拓展他们目前的自我形象。

下面的这些例子可以视为有效的教练干预迹象：

"在这个人际关系问题中，你自己的角色是什么？"

"在目前这个角色里，你需要如何发展自己，才能真正地感到满意？"

"推动你走这么远的主要优势有哪些？"

"你有什么特别之处？"

"我听到你说过两三次你不是那种类型的人。你是哪种类型的人？"

"在这个新角色中，你对自己有什么信念或看法？"

评估指标 7.3　教练提出问题，帮助客户超越他们当前的思维或感受，以新的或扩展的思维方式或感受方式去探索他们的处境

想象一下，你忘了某样东西，也许是你的车钥匙。你匆忙跑回家去拿，可是整个屋子里漆黑一片，只有茶几上的台灯没有关。茶几被柔和的灯光照亮，但是屋子的其他地方都黑黢黢的。所以你在茶几上翻找，对吗？这样做是有道理的，因为那是唯一一个你有充足的亮光去找到某样东西的地方！可是你没有看到你的车钥匙。于是你在台灯照射的光圈里凝神细看。这就是我们在很多时间里搜寻答案的方式，这也是很多教练工作的运行方式——教练要求教练对象探索他们已经做过的事情、他们已经知道的事情，以及到目前为止起到帮助作用和没有起到帮助作用的事情。这种探索没有进入新的领域——教练没有邀请教练对象把其他的灯打开，找到新的、拓展的方式去思考一个处境或者寻找新的前进的可能性。

这项指标的要点就在于此——帮助教练对象打开灯，在更广阔、更有创造力的空间去寻找答案，以新的思维方式应对处境。

请注意，这项指标同样也与"新的思维"有关，而不仅仅是新的行动。询问教练对象"你将做出哪些改变？"并不能满足这项指标！它更多的是关于认识处境的新的、更加赋能的视角。

这项指标让我特别喜欢的一点是，它坚持认为教练工作不是仅仅围绕着个人发展和成长，它表明教练对象的处境对于教练对象仍然是重要的。随着我们不断向 MCC 发展，我注意到很多教练念念不忘教练工作"关注的是人而不是处境"。实际上，我坚持认为两者依然都重要，只不过更高级的教练明白，处境对于教练对象而言是一个极好的学习机会，通过在获取他们可能想要的具体目标的过程中探讨他们的思维和视角，他们将会把他们的觉察和思维方式转入更高的层次。

> **考核官聆听的几类教练干预迹象包括：**
>
> - 教练的发问有可能帮助教练对象从一个新的、更加赋能的角度或视角去认识处境（话题）。
> - 教练的发问有可能帮助教练对象有意识地选择一种新的认识或思考处境（话题）的方式。
> - 教练的发问帮助教练对象重新构建他们对当前挑战或会谈的目标/主题/结果的视角。

- 教练的发问帮助教练对象扩展对自己在生活体系和环境中的角色或位置的更广大背景的觉察。
- 教练的发问帮助教练对象绕着他们的话题"走动",从系统内的不同角度看待话题。

下面的这些例子可以视为有效的教练干预迹象:

"关于这个处境,你有哪些前提假设?"

"这些前提假设对于工作成果有什么影响?"

"更加赋能的视角是什么?"

"假如你已经持有那个赋能的视角,什么将会发生改变?"

"想一想你的竞争对手,他们会怎样看待这个处境?"

"想象一下,你正在观看这一幕在电影银幕上上演。你坐在后排会注意到什么?"

"假如你站在你的团队成员的立场上来看这个问题,它会有什么不同?"

评估指标 7.4 教练提出问题,帮助客户超越他们当前的思维、感受或行为,去探索客户想要的结果

对于这个指标,至关重要的是,发问是为了帮助教练对象实现或在视觉想象中实现他们的会谈目标或教练关系目标。因此，发问必须与会谈的结果、衡量成功的标准或他们的总体教练目标直接相关。这一指标的要点在于客户改变与期望结果相关的现有思维、感受或行为。

教练也可以帮助客户向更远的时间探索，超越目标已经实现的时间点。我喜欢这一点，因为我经常谈到教练们往往在真正的动机被触及之前就停止了。例如，一旦他们彻底偿还了他们一直努力偿还的债务，下一步是什么？如果我们停留在"没有债务"的感觉上，这可能是一种短暂的解脱感，可能不会产生深刻的激励作用。在摆脱债务后，教练对象将做什么或追求什么，这可能是一个更加赋能的、令人兴奋的或有能量的探索。

这个指标还包括帮助教练对象想象和探索他们在会谈结束后将会采取的行动和行为，这些行动和行为有可能促使他们朝着目标前进。

请注意，这是核心教练能力 7 的一个评估指标，是关于觉察而不是行动的，所以这里是探索为了实现目标还可以做什么，或者目标可能会带来什么。它并不是要让客户承诺任何具体的行动或存在方式。

考核官聆听的几类教练干预迹象包括：

- 教练的发问帮助教练对象真正确定并确切描述他们需要做出什么改变，以实现他们所渴望的成功的未来。
- 教练探索在教练对象的目标实现之后可能发生的事情。
- 教练可以挑战或邀请教练对象对他们如何实现期望结果进行更大、更广或更有创造性的思考。
- 教练的发问帮助教练对象想象新的存在方式，它将带来他们渴望的目标。
- 教练要求教练对象视觉想象/联结他们期望的未来愿景/结果，并从那里回望如何实现这一目标或如何将目标分解为阶段性的小目标。
- 教练对象提出这些话题，教练对其详加询问。
- 教练询问客户具体的行为、存在方式或思考方式，它们将推动客户实现目标。

下面的这些例子可以视为有效的教练干预迹象：

"你想恢复健康。如果你恢复了健康，那对你的生活意味着什么？"

"你希望把这件事做到多好的程度?"

"想象一下,你正坐在摇椅上回顾你的一生——你想要给后人留下什么?"

"你提到你想要更多的自由。有哪些途径会让你在生活中体验到更多的自由?"

"在什么情况下,你才会真正地满意自己的工作?"

"这么说你想要在五年之后退休。为了实现这个大的目标你需要在一/二/三/四年的时间里实现哪些阶段性目标?"

"为了实现这一目标,你在这方面的思维需要如何发展?"

"为了达到这个结果,你需要改变哪些行为?"

"设想你已经实现了这个目标。你会因为实现了这个目标而有能力在生活中创造什么?"

"我听到你非常忙,没有时间实现这个目标。为了找到你所需要的时间,你需要改变什么?"

评估指标 7.5   教练分享观察、直觉、评论、想法或感受,但不执着于它们的对错,并通过语言或语调邀请客户对它们进行探索

这项指标要求我们记住,在我们与客户分享我们的观点时,我们应该承认,它们仅仅是我们的观点。我们不应该把它们视为真相或者过于相信它们。它们应该是提出来供教练对象思考，而不是"告知"教练对象它们是正确的。

如果教练分享了一个观点，然后不与教练对象进行核实就继续谈话，就好像那个观点是事情的真相一样，那么这项指标考核将得不到分数。同样，如果教练提出一个观点而教练对象不赞同，但是教练仍以任何方式进行争论或劝说，那么这项指标将被视为没有得到遵守。因此，理想的情况是，教练在提出观点后保持沉默，或者邀请对方表示异议或确认/反对自己所说的观点。

邀请教练对象探索分享的内容时，可以明确地运用一个发问，例如："你觉得如何？"——或者用语调暗示一个发问。必须清晰的是，教练是在邀请教练对象去探索已经分享的内容，并且教练为教练对象留出了这样做的空间。

> **考核官聆听的几类教练干预迹象包括：**
>
> - 教练分享观察、直觉、评论、想法或感受，并通过语言或语调明确地邀请教练对象去探索。
> - 教练分享观察、直觉、评论、想法或感受，并清晰地表明教练对象可以自主决定同意或不同意。
> - 教练分享观察、直觉、评论、想法或感受，并明确接受教练对象的不同意见或进一步的想法。

下面的这些例子可以视为有效的教练干预迹象：

"这样看来，我现在听到的是你的一种模式，而不是一种一次性的行为。是这样吗？"

"我想我在这里听到了某种悲伤。这是真的吗？"

"听起来你在这方面真正地迈出了一大步，对吗？"

"那么我听到的是，这已经让你受够了。你已经准备好要扭转局面。这是真的吗？"

"我听到的是，你现在谈论这件事的时候，在我看来更加自信了。这是真的吗？"

"我想我现在听到了更多的决心。"（沉默等待教练对象回答）

"听起来这对你来说是一次真正的冒险？"

"我觉得这是一个转折点。你有同样的感觉吗？"

评估指标 7.6　教练提出清晰、直接的问题，以开放式问题为主，一次提出一个问题，给客户思考、感受或反思的时间

这是教练工作的基础部分之一，听起来很浅显，却非常具有挑战性。这可以分解成一些技术元素，并重新构建成一种强有力的发问方法。表面上的简单是误导性的，我真的建议你对照下面的清单检查你的录音，确保你有这些正向的行为，并查找与这些正向行为相反的负向行为，即相关的"坏习惯"。

- 发问清晰易懂——不复杂、不使用教练术语；
- 发问直奔主题——不修饰、不绕圈子；
- 确保多数问题都是开放的，不能简单地用"是/不是"回答；
- 一次只问一个问题，而不是一次问多个问题或者修改和重复你的问题；
- 在发问之后给教练对象时间思考和反思，而不是立即问下一个问题。

掌握这个非常简单的指标可以为你的教练工作带来变革。

考核官聆听的几类教练干预迹象包括：

- 教练发问的方式清晰、直接，主要是开放式的问题，以允许客户思考、感受或反思。一般一次问一个问题。
- 教练根据教练对象以及他们思考、反思和处理问题的需要来调整发问的节奏。

下面的这些例子可以视为有效的教练干预迹象：

"你自己的这两个方面之间有怎样的冲突?"

"这里对你最重要的是什么?"

"你将如何知道它已经完成了?"

这里的迹象还包括教练以一种允许反思和探索的节奏一次问一个问题的能力。

评估指标 7.7　教练使用的语言总体上是清晰、准确的

再说一次,一个相对简单的评估指标并不一定容易通过考核!这个指标与清晰、有效地表达有关,不添加不必要的词语或解释。但这确实需要一定的技巧。我的首要建议是相信教练对象(这样你就不会做得太过,不会把发问弄得太复杂),并且在发问之前给自己一些时间来构思问题。

考核官聆听的几类教练干预迹象包括:

- 教练的发问和评论简单而中肯。
- 教练在保证清晰的前提下使用最少量的词语。
- 教练只是简单地说出他们的问题,而不是对它们给出冗长的解释或修改。

下面的这些例子可以视为有效的教练干预迹象:

"在这里起决定性作用的因素是什么?"

"关于这件事,你的前提假设是什么?"

"在你的职业生涯中,你希望五年后到达什么位置?"

评估指标 7.8　教练允许客户占用大部分交谈时间

也许这是最简单的一项 PCC 评估指标!

> **考核官聆听的迹象包括:**
>
> · 教练总体上的说话时间远远少于教练对象。

下面的这个例子可以视为有效的教练干预迹象:

教练在整个谈话中说话时间明显少于教练对象。

学习要点

让你的发问源自你的聆听,改变你设计问题或评论的方式,以便使它反映出你从教练对象那里听到的东西。

你的发问应该帮助教练对象超越他们目前的处境和他们目前对自我及话题的觉察去思考。

你的大多数发问应该是开放的、简单的、节奏适度的。

在分享的时候,要带着好奇心,清晰地表达你对教练对象的回答的好奇,以及你对他们的任何回答的接受。

D. 促进学习和成长

教练的过程可以极大激发大脑活跃度，使对方自发地、更有勇气地面对问题。

核心教练能力 8：
促进客户成长

核心教练能力：

定义：与客户合作将学习和领悟转化为行动。在教练过程中提升客户的自主能力。

（1）与客户合作将新的觉察、领悟或学习整合进他们的世界观和行为。

（2）与客户合作去设计目标、行动和问责措施，这是对新学习的整合和拓展。

（3）在目标、行动和问责方式的设计中认可和支持客户自主。

（4）支持客户从确定的行动计划中发现潜在的结果或学习。

（5）邀请客户考虑如何前进，包括资源、支持和潜在的障碍等。

（6）与客户合作总结会谈中或会谈外的学习和领悟。

（7）庆祝客户的进步和成功。

（8）与客户合作结束会谈。

© 国际教练联合会（ICF）

促进客户成长的 PCC 评估指标：

8.1 教练邀请或允许客户探索客户在本次会谈中的目标进展情况。

8.2 教练邀请客户陈述或探索他们在本次会谈中对他们自身所获得的理解。

8.3 教练邀请客户陈述或探索他们在本次会谈中对他们的处境所获得的理解。

8.4 教练邀请客户考虑他们将如何运用从本次会谈中学到的新东西。

8.5 教练与客户共创会谈后的思考、反思或行动。

8.6 教练与客户合作考虑如何前进，包括资源、支持或潜在障碍等。

8.7 教练与客户共创最适合他们的问责方式。

8.8 教练庆祝客户的进步和收获。

8.9 教练与客户合作以客户希望的方式结束本次会谈。

© 国际教练联合会（ICF）

核心教练能力

最后这项能力是"促进学习和成长"部分的唯一一项能力，所以我们需要意识到它涉及这两个领域。

如果在教练工作中没有学习和成长，那么我们其实只是在做一些事务性的、有限的工作。帮助某人解决一个问题，而没有支持他们从问题发生的原因或克服问题的方法中得到学习，那就只是待在一种事务处理的水平。教练对象解决了一个问题或者实现了一个目标，但是他们没有获得新的觉察，因此，和问题出现时相比，他们自身并没有任何进步。

即使我们支持他们实现了一个非常重要的目标，但如果不询问他们从中学到了什么以及他们能够把这种学习收获在生活中以何种其他方式或在哪些其他方面进行运用，以便真正地发挥他们的努力结果的作用，那么我们还是错过了很好的机会。

围绕处境或话题取得的学习收获进行的这种探讨，可以出现在谈话的任何阶段。在一开始回顾上次会谈后的行动进展情况时，教练可以询问教练对象从改变处境的努力中学到了什么。教练也可以询问他们从一些中途放弃的尝试中得到了什么启发。教练可以问教练对象，基于这种学习收获，他们将在下一次做出怎样的改变。

在会谈过程中，教练可以随着进程的推进询问教练对象有什么学习收获。当然更常见的做法是，教练会在最后阶段询问教练对象在整个会谈中学到的东西。

为了最大程度地促进成长，还要强调有意识地应用学习收获。他们将在这个学习收获的基础上做什么？他们将如何将其应用到他们的生活中？他们预计这将产生什么影响？他们如何提高这种影响发生的概率？他们还能在其他哪些地方应用这种学习？教练工作拥有这种向前的推动力。我们开始时遇到了挑战或机遇。我们探索潜能——在教练对象的生活中，它会带来什么？在这方面最好、最理想的结果是什么？然后我们深入探讨他们弥合现状和目标之间的差距的可能途径。我们帮助教练对象明确他们想要选择哪条途径，然后我们支持他们做出决定并付诸行动。

在此之前，它们都是些形而上的想法，可能缺乏某些神经程序来实现它们。当我们理清他们会遇到什么阻碍、他们将如何减少这些阻碍、他们拥有哪些资源、他们将如何利用这些资源以及什么样的问责和支持将帮助他们时，我们就提高了他们采取行动的可能性。

在"核心教练能力7：唤起觉察"中，我们已经支持教练对象以新的和扩展的方式思考、感受和观察，而这项能力与整理、陈述和具象化这种新觉察有关，并将其嵌入他们的生活中，以产生最大的影响。

评估的关键技术有：

（1）教练有能力支持客户探索关于自身和处境的学习收获，以及这些学习在支持客户目标上的应用。

（2）教练有能力与客户充分合作，从他们的新觉察（可能包括思考、感觉或学习）中设计行动，支持客户朝着他们既定的议题或目标前进。

（3）教练有能力支持客户设计可衡量的阶段性成果，这些成果是实现客户既定目标或结果的步骤。

（4）教练有能力与客户合作探索并认可客户在整个会谈中取得的进步。

（5）教练在结束会谈时与客户的合作深度。

ⓒ 国际教练联合会（ICF）

让我们看看这些指标是如何阐释这些技术的。

PCC 评估指标

评估指标 8.1 教练邀请或允许客户探索客户在本次会谈中的目标进展情况

这里教练必须邀请教练对象反思并整理教练对象朝着本次

会谈的教练合约/议题/衡量成功的标准已经取得的进展。那种进展可能会是与目标相关的思考、信心或具体的行动计划。

这里最好的做法是使用最初在教练合约中采用的措辞，而不是使用一些有可能使教练对象感到困惑的教练术语。我们希望他们持续创造性地、深入地思考，直到谈话的最后一刻。

例如，与其这样问：

"就达成你今天的期望结果而言，你表现如何？"

不如这样问：

"就你想要在会谈结束时制订的（激励性计划）而言，你已经取得了哪些进展？"

或者这样问：

"关于你想要在会谈结束时制订的（激励性计划），你现在进展到哪里了？"

尽管这个指标说"或允许客户……"，但你需要做的不仅仅是为他们提供谈论进展的空间。你需要主动地展现出这项指标，因此，如果教练对象没等你发问就自动地告诉你他们朝着目标取得的进展，那么你应该紧接着对它进行深入询问。这不仅对于考试是重要的，而且对于教练对象也是重要的——如果他们在谈论他们的进展，那么教练对其表现出兴趣就是至关重要的！另外，它会拓展会谈的影响，因为，比方说，如果教练对象在分享具体的行动进展，那么教练可以抓住时机询问他们在对自身或处境的觉察方面的进步。如果教练对象只提到在领悟方面的进步，那么教练可以根据情况予以拓展，去询问其他的维度，比如，对于计划的觉察，或者对于处境的新思考。这样一来，教练对象就能看到他们的进步是多维度的。

教练也可以复述教练对象在会谈结果方面的进展，只要他们邀请教练对象回应并随后接受他们的回应。

值得注意的是，对所取得进展的询问可以在会谈的不同阶段进行，而不仅仅是在会谈结束阶段。

评估指标 8.8 要求教练"庆祝客户的进步和收获"，但 8.1 要求教练邀请教练对象反思在目标上取得的进步。

> **考核官聆听的几类教练干预迹象包括：**
>
> - 教练询问教练对象在会谈目标/结果上所取得的进展。
> - 教练对象自发地谈起他们在会谈结果上所取得的进

展，教练予以深入探讨。
- 教练询问客户在衡量会谈成功标准方面所取得的进展。
- 客户在询问进展时使用会谈结果和/或衡量成功标准的措辞。
- 教练复述话题的进展，并要求教练对象对他们的复述进行评论，并接受教练对象的回答。

下面的这些例子可以视为有效的教练干预迹象：

"你说过你想要在会谈结束时拥有自信的感觉。你的自信程度在开始时是十分之二，现在它是十分之几？"

"我听到你对那个计划有几个新的想法，这太棒了。在开始的时候，你说过你对它感觉拿不定主意——现在你对它感觉如何？"

"关于你想要在会谈结束时感觉到的那种自信，你现在进展到哪里了？"

"你对这件事的思考有任何改变吗？"

"在这次长时间的探讨之后，你对（这个话题）是否有任何不同的认识？"

"我知道你一开始对自己的转变感到兴奋，但同时也想要感到踏实。你现在感觉有多踏实？"

评估指标 8.2　教练邀请客户陈述或探索他们在本次会谈中他们自身所获得的理解

这项能力的指标 8.2 和 8.3 都是关于探讨教练对象学习收获的，为了加强影响，它们被分列为两项：一项要求教练去探讨关于处境或话题的学习收获——"事"，另一项要求教练去询问关于"人"的学习收获——教练对象在会谈中对自己的观察和发现。我非常赞赏这些指标的设计团队，既因为他们对学习收获的关注程度，又因为他们指出了这样的事实：只询问关于自我或处境的学习收获是不够的，两者必须兼顾。

指标 8.2 涉及教练具体地询问教练对象对自己的新的认识——他们的需求、价值观、信念、欲求、渴望、恐惧、抱负、嫉妒等等。这可能与他们与自己联结的方式有关，他们看待世界的方式、他们的学习方式、他们对事物的感受方式以及他们在自己的世界中的身份。

对教练对象的这种邀请可以发生在谈话的任何阶段。这项指标的重要方面是，教练要么要求教练对象陈述他们自己的学习收获，要么进行发问以帮助他们对其进行探索。如果教练对象自发地陈述了他们自己的学习收获，那么教练就需要对其进行进一步探讨。

第二部分 PCC 评估指标

> **考核官聆听的几类教练干预迹象包括：**
>
> - 教练询问教练对象关于自身的学习收获——他们的恐惧、信念、优势、激情或任何其他与自我觉察相关的方面。这可以出现在谈话的任何阶段。
> - 教练询问教练对象，这种关于自身的学习收获会如何影响他们的存在方式。
> - 教练询问教练对象的存在方式以及教练对象在那些方面学到了什么。

下面的这些例子可以视为有效的教练干预迹象：

"你从今天的探讨中对自己有了哪些新的认识？"

"关于你对这个项目的看法，你现在注意到了什么？"

"既然你现在对你自己有了这种新的觉察，你将做出哪些改变？"

"这个领悟让你对自己有什么新的认识？"

"我知道你对于未能采取行动感到很失望。不过在你的努力尝试中，你对自己有什么新的认识？"

评估指标 8.3　教练邀请客户陈述或探索他们在本次会谈中对他们的处境所获得的理解

同样，这个邀请可以在谈话的任何时候出现，教练发出邀请让教练对象反思自己的进步。指标 8.2 与客户了解他们内在的存在方式有关，指标 8.3 与客户了解他们外在的存在方式有关。它旨在探索他们对自己的目标、梦想、问题、挑战和差距的理解。

这与他们在话题上的学习收获有关，无论是关乎内在的话题还是关乎外在的话题。比如，话题可能是他们与父母的关系，在这种情况下，可能会有对他们内在的存在方式的很多探索，但教练会问他们从与父母的关系中学到了什么。相比之下，在指标 8.2 中的发问是关于他们在这种关系中对自己有什么认识。

> 考核官聆听的教练干预迹象包括：
>
> - 教练询问教练对象关于处境或者谈话主题的学习收获。这可能会发生在谈话的任何阶段。

下面的这些例子可以视为有效的教练干预迹象：

"关于时间管理，你今天学到了什么？"

"现在你已经对这个话题进行了一段时间的探讨。你有哪些领悟？"

"现在我们已经对这个处境做了一些探讨。你对它有什么认识？"

"我听到你对于不能在这周制订好环球旅行计划感到失望。不过关于你需要做的事情，你有哪些发现？"

"关于你面对的这个挑战，你在这次会谈中学到了什么？"

评估指标 8.4　教练邀请客户思考他们将如何运用从本次会谈中学到的新东西

所有学习收获都要有应用和目的，否则它就只是领悟而已。没有行动的领悟力量是有限的，而且实际上可能会导致很大程度的沮丧。当我们询问学习收获将被如何运用时，我们开始拓展这种力量并且大幅度地提升教练价值。我们需要询问教练对象：这种新的学习收获将给他们的生活和他们实现目标的过程带来什么？基于这一学习收获，他们将做什么？

我们还可以请他们思考在其他哪些方面能发挥这一学习收获的价值。也许在目标是做一个更好的父亲的谈话里发现的关于他们自身的学习收获，可以非常恰当地应用于他们在工作上面临的一个关于领导方式的挑战。

这种新的学习收获可能会提供一个很有价值的新视角，从而给会谈的目标或结果带来新的思考和新的创造力。我们要有能力支持教练对象以这种方式去思考,以便真正最大程度地发挥学习收获的作用。

我们可以问他们,他们将如何体现对他们自己的新觉察,他们将如何因为这种学习收获而改变与他人的互动方式,这种新觉察将对他们的人际关系产生什么影响,等等。这种学习收获与他们对自己和处境或话题的新思考有关。

这就是教练工作的力量所在——抓住这种领悟并利用它进行有意识的改变和改进。当有了很棒的领悟,而教练没有为它创造空间去进行有目的的应用时,那就错过了一个良机。

考核官聆听的几类教练干预迹象包括:

- 教练要求教练对象思考他们将如何把这次会谈的学习收获应用于自我发展或当下处境。
- 教练询问教练对象这次会谈的学习收获有哪些更广泛的应用。
- 教练要求教练对象考虑他们将如何以新的存在方式体现学习收获。
- 教练在询问学到了什么之后进一步询问如何加以应用。(注意,这是建立在指标8.2和指标8.3的基础上。)

下面的这些例子可以视为有效的教练干预迹象：

"你已经列出了很多新的领悟，太棒了！那些领悟将对你处理这个项目的方法产生怎样的影响？"

"现在你已经看到你在这个项目上的能量有多低以及其中的原因，你将做出哪些改变？"

"考虑到这一领悟在你处理工作中的各种关系上发挥的力量，它还可能在生活的哪些方面产生类似的影响？"

"既然你已经意识到你实际上是一个成功者，那将对你想要制订的职业计划产生什么影响？"

"从一个成功者的视角出发，你对生活的其他哪些方面有了新的认识？"

"那个新的觉察对于你的大目标可能会有哪些影响？"

评估指标 8.5　教练与客户共创会谈后的思考、反思或行动

现在我们进入行动环节。通过这次谈话，教练对象将做些什么来推动自己实现教练目标？

这项指标也要求教练必须主动开始探讨，或者，如果教练对象自发地说起它，那么教练必须复述那些行动并且最好是对它们进一步探讨。新手教练往往不愿做这种进一步探讨，他们反对这样做的理由是教练对象已经说了他们将做什么，再继续探讨会感觉不自然或者太教条。每当我听到有教练这样说时，我都想对他们说，这个理由是基于以下的一条或几条前提假设：

・教练对象十分清楚他们的行动——实际上，教练对象往往只是说出了各种可能的行动，而教练把它们全都理解为确定的行动。

・教练对象在说话的时候十分清晰地意识到他们在说什么！如果教练成功地帮助教练对象进入他们的最佳思维空间，那么他们此时可能正处于创造性思维的发散状态，因此教练完全有必要核查一下他们对自己的行动有多清晰，以及他们所说的行动中有哪些将付诸实施。

・教练对象能够记住并记录下他们所说的行动。教练对象很容易在说过他们将做什么之后转身就把它们忘掉，因此需要教练复述他们所说的行动并且/或者核实他们完全理解自己的承诺。

承诺的行动可能会包括以下任何一项或者若干项的组合：

・面向目标的具体行动步骤。

・关于目标及其实现过程的进一步深入思考。

- 在完全支持一个想法或观念之前，先花时间去探讨它对教练对象的"适合"程度。
- 花更多的时间去思考教练对象在这个话题上真正想要的是什么。
- 在开始做某项工作时通过写日记、思考或自我观察等方式进行自我反思。
- 打破一种旧的习惯。
- 以不同的方式"存在"——当某件事情在生活中出现时转变态度或想法。
- 对某种状况尝试不同的行为或反应方式。
- 内化一种新的行为——重复一种新的方式，开始在他们的神经系统中培养新的习惯。
- 注意、研究或试验与目标相关的新方法。

以上所列并非详尽无遗。

> **考核官聆听的几类教练干预迹象包括：**
>
> - 教练询问教练对象会谈结束后要做什么并且开放地把任何上述前进行动视为"可接受的"（换句话说，教练不对这些前进行动的选择做出评判或改动）。

- 教练对象自发地列出他们的行动，教练把它们复述并且/或者进一步对其做出探讨。
- 所说的行动与教练对象的话题有明确的关联，并且有可能推动他们朝着目标前进。
- 教练询问进一步的思考、反思或实验，这些将推动教练对象朝着他们的目标前进。

下面的这些例子可以视为有效的教练干预迹象：

"我想我听到了你的行动步骤是 A、B 和 C。是这样吗？"（注意，这种情况是教练对象自发地提出他们的行动步骤，教练予以核实。最好的做法是先问一个关于他们将采取什么行动的开放性问题。）

"你对你刚才提到的行动计划有多清晰？"

"你提到你将每天拿出一个小时来照顾自己。这非常棒！为了保护/创造/安排每天的那一个小时，你需要做什么？"

"为了朝着未来的这个美好的愿景前进，你将会把这些选项中的哪一些付诸行动？"

"想一想，你在这里开动脑筋想出的各种选项，哪一些让你兴奋的程度真正达到了你所说的你想要的那种兴奋感觉？"

"我知道你是一个喜欢思考的人，而且你在开始时说过你今天并不想真正地做出决定。那么，为了继续朝着这个决定前进，你需要做什么？"

"你说过你想要'仅仅探讨'这个话题，而不是承诺行动。那么基于今天的探讨，你需要或想要在这次会谈之后做什么？"

评估指标 8.6　教练与客户合作考虑如何前进，包括资源、支持或潜在障碍等

实际上有许多方法去体现这一指标，我喜欢这一点，因为它显示出这些指标的灵活性。教练能够用来表现一个指标的各种方法取决于教练对象以及他们在谈话中提供的信息，而不是按照固定的程序逐个提出一连串的问题——那是一种学来的样板，不是基于积极聆听和共创的真正的教练技术。

这一项指标是关于对教练对象业已成形的行动进行更深入的教练。指标 8.5 是关于教练对象将会做什么，指标 8.6 是关于在这个过程中什么会帮助或阻碍他们。如果做得好，它会增加行动的可能性。

为了增加这种行动的可能性，我们可以在两个关键领域与教练对象合作：

（1）对有可能帮助他们的支持和（内部和外部）资源增强觉察；

（2）探索有可能阻碍他们前进的内部和/或外部压力。

重要的是，我们要基于积极聆听有意识地做这件事（而不是机械地核查）。

我们在这里支持教练对象从思考他们话题的幻想或认知领域进入采取行动的现实领域。这是教练对象有时候摇摆不定的地方，他们开始与你分享以前没有出现过的各种限制性信念。因此，当它们出现的时候，你要保持清醒觉察并准备好去探索它们，这是至关重要的。

考核官聆听的几类教练干预迹象包括：

- 教练要求教练对象考虑哪些资源或支持形式可以帮助他们实施他们选择的跟进行动。
- 教练询问教练对象什么可能会阻碍他们选择的行动，并支持他们探索如何避免或越过那些障碍。
- 教练询问教练对象有多大的信心去实施约定的行动。
- 教练询问教练对象实施行动的意愿。
- 教练询问教练对象对他们的行动计划有怎样的感觉，并对回答做出回应。

下面的这些例子可以视为有效的教练干预迹象：

"你对这个计划感觉有多兴奋？"

"你对采取那些行动步骤有什么感觉？"

"如果1分代表着毫无动力，10分代表着迫不及待地想要开始行动，你现在的感觉可以打多少分？"

"如果有条件的话，你希望安排什么样的支持方式？"

"什么可能会阻碍这种每天一小时的电子邮件处理？"

"你需要做什么去真正地保护每天的那一个小时？"

"你对采取这些行动有多大的意愿？"

"听起来似乎你确信你只想继续思考这个想法，而不想让我挑战你采取具体的行动。是这样吗？"

"就你对自己的了解来说，你可能会如何阻碍自己执行这个计划？"

"为了确保它的实现，你需要做什么或者你需要如何对它进行不同的思考？"

"上一次你承诺去做这个改变，我知道生活里的一些事阻碍了你的行动。这一次你需要采取哪些不同的行动，以确保不再有来自生活的阻碍？"

评估指标 8.7　教练与客户共创最适合他们的问责方式

伙伴关系和共创过程是这里的关键。这并不是说教练要让自己扮演问责伙伴的角色。我们需要充满好奇地去了解什么将帮助教练对象完成他们的行动以及哪个（或哪些）问责方式真正地对他们奏效。当然，教练对象可能会请求教练参与问责，在这种情况下，最好是弄清楚教练对象想要教练以何种（或哪些）方式参与问责，而不是直接介入并设定某种问责方式。

因为我们非常希望把行动的责任留给教练对象，所以我们也可以在必要的时候来一点儿挑战。如果他们选择的问责方式看上去转移了责任的话——把"球"传给另外一个人，比如他们的教练。举个例子，我和教练对象有过几次这样的（或非常类似的）谈话：

教练：我知道你发现问责方式对你的成功非常重要。那么，你想如何设计这次行动的问责方式？

教练对象：如果你能在星期一下午打电话提醒我做这件事，我将不胜感激。

（请注意，教练对象此时正在转移权力和责任——如果我作为教练负责去提醒他们采取行动，那么若是我忘记了而他们没有去做，似乎就是我的过错。另外，这里没有真正的自律——而是由我作为教练去提供外来的激励或推动。因此，我想在这方面再做一些探讨，因为这很有趣……)

教练：这非常有趣。你告诉我你对这个计划很兴奋而且你下定决心要采取行动，可是等到具体实施时，你却要我去"提醒"你。

(请注意，这是对唤起觉察的强有力的运用，伴随着对他们的成长的好奇和支持，而不是对他们的行动或思考提出批评或者使他们感觉犯了错误。)

教练对象：嗯……是这样的。

教练：为了让你真正感到有信心记住这件事并且按计划在星期五之前采取行动，需要做什么准备？

教练对象：说实话，那个挑战真是击中了要害！你说的完全正确，我说过我想做这件事，所以我需要采取行动。

教练：太棒了！那么你需要什么保证措施呢？

教练对象：这样吧，我星期一下午给你发一个电子邮件，让你知道我记得这件事而且我会在星期五下午之前完成它，可以吗？

教练：当然可以。我的工作就是为你提供支持。这样的话，我在星期一下班前会收到你的电子邮件，告诉我你正在行动，对吗？

  教练对象：对！

同样，我们可以超越他们最初对我们的要求，继续保持这种伙伴关系和好奇心：

  教练：我知道你发现问责方式对你的成功非常重要。那么，你想如何设计这次行动的问责方式？

  教练对象：如果你能支持我为这些行动负责的话，我将不胜感激。

  教练：好的，请告诉我，你希望我用哪些方式支持你负起责任？

  教练对象：这样吧，我星期一下午给你发一个电子邮件，让你知道我记得这件事而且我会在星期五下午之前完成它，可以吗？

  教练：当然可以，我会在星期一等着你的电子邮件。还有哪些问责方式可能会对你有帮助？

这样，教练接受了这一请求，同时又继续询问还有什么问责方式会起作用，从而促使教练对象建立起在教练关系结束后依然有效的问责框架，它会帮助教练对象提高自律能力。

关于你申请 PCC 的会谈录音，有一个小提示：如果你之前和客户已经确立了问责方式，请确保在会谈中重申这些方式，然后再使用它们（你的考核官不会知道你是在按照以前的约定行事），并且还要检查它们是否最适合今天的会谈。例如：

"我知道你愿意发给我一条短信，告诉我你已经完成了你的行动计划。这一次你还想这么做吗？今天有没有其他的感觉不错的问责方式？"

考核官聆听的几类教练干预迹象包括：

- 教练邀请教练对象设计他们自己喜欢的一种或多种问责方式。
- 在对方提出要求或者合适的情况下，教练愿意成为问责伙伴。
- 教练询问教练对象如何对他们自己负责（自我问责）。
- 教练按照教练合约与教练对象合作设定问责。
- 在会谈开始时，教练按照约定的问责方式跟进。

下面的这些例子可以视为有效的教练干预迹象：

"在你为自己设计问责方面，真正对你起作用的是什么？"

"什么会帮助你真正地把你承诺的行动计划进行到底？"

"就你对自己的了解来说，最适合你的问责方式有哪些？"

"你自己（还）可以如何支持你负起责任？"

"在上次会谈结束时，你让我今天检查一下你是否打了你承诺的所有电话。这件事怎么样了？"

"我知道你过去在这件事上遇到过困难。这一次你将如何确保自己能真正地采取这些行动？"

评估指标 8.8　教练庆祝客户的进步和收获

这里的庆祝是对教练对象的进步和学习收获，以及他们在进步和学习中所付出的努力的一种由衷的、真诚的、口头的认可。为了表现出对客户真正的重视和欣赏，我们需要以我们所听到的明确的例子作为依据。例如："你在遇到困难的情况下坚持不懈，最终实现了令人难以置信的业绩，对此我非常赞赏。"

请注意，我们需要体现出有联结感和聆听感的欢呼或兴奋，否则将不被考核官接受。如果教练使用"太棒了""好极了"这样的词，而没有清晰地表达客户的进步或学习收获，那么这将被认为是违背这个指标的迹象。

教练表现出任何对客户居高临下的迹象也会被扣分。

这经常是在会谈结束时以一种相当公式化的方式完成的，实际上教练会谈里自始至终都有很多机会做这件事。

> **考核官聆听的几类教练干预迹象包括：**
>
> - 教练认可教练对象成功完成了在上次会谈中所承诺的行动。
> - 教练认可教练对象自上次会谈以来在尝试行动方面所付出的努力。
> - 教练复述和庆祝教练对象在教练关系中或本次会谈中的成长、收获或进展。
> - 教练邀请教练对象认可他们自己在本次会谈中或教练关系中的学习收获或成长。
> - 教练认可教练对象在本次会谈中的努力、投入或坦诚。

下面的这些例子可以视为有效的教练干预迹象：

"看到你如此坚决地抓住这个目标并且全力以赴地去实现它，我感到很受鼓舞！你在这么短的时间里就取得了这么大的进步！"

"在你谈这项工作的时候，听上去似乎你比以前任何时候都更加有信心了。"

"想一想过去的三个月,你觉得在你的目标上取得了哪些进展?"

"我听说你想继续前进,但我真的想邀请你花几分钟时间来承认你已经取得的成就。"

"你总是对我说你距离完成这项工作还有多远的路要走,但是我认为你常常会忘记你已经走过了多远的路!我记得你一开始是多么犹豫,而现在你行动得如此之快。"

评估指标 8.9　教练与客户合作以客户希望的方式结束本次会谈

在教练指导会谈中经常会出现这样的谈话,如果做得好的话,那就意味着谈话的结束更加富有能量而且拥有清晰的目的和意义。如果做得不好,教练会谈的结束往往有一点尴尬,一方或双方无法确定是否就这样结束!

或者,可能会出现的一个"错误"是教练突然宣布"好吧,就到这里",甚至有时候宣布教练对象很明显已经得到了他们想要的东西,然后生硬地突然结束会谈。

通过邀请教练对象说出他们是否完成了会谈,这项能力有助于创造一个"优雅的结尾"。这样,即使教练继续对教练对象取得的进展给予认可或反馈,教练对象也能清楚地意识到会谈已经来到最后一步,并且产生更强烈的圆满结束的感觉。

有时候学员或新手教练会说，他们不敢问下面的这类问题，害怕万一教练对象开始全新的探讨，那么教练将不知道如何应付。从我的经验来看，这种情况很少出现，你总是能够把你的发问设计为邀请教练对象结束对话，而不是引出新的话题！我经常听到新手教练问类似这样的问题：

"我们还有几分钟，今天你还有没有其他的问题想要讨论？"

这的确暗示愿意讨论其他的内容，而不是结束实际上已经探讨过的话题。请参考第 240 页所示例子中的表达方式，以避免上述情况出现并且诚恳地询问教练对象如何结束会谈，而不会在最后一刻再次敞开谈话的大门！

另外，请注意，这里的发问一般都是采用封闭性问题，有意地使教练对象很容易回答说："不，谢谢，他们已经说完了。"像"现在你还需要说什么？"这样的一个开放性问题有可能会让教练对象感觉他们有必要再说一些事情，尽管他们实际上已经全说完了。

如果教练对象已经有过被教练的经历，教练可以询问教练对象他们想如何结束会谈。如果没有这种经历，这会是一个令人困惑的发问，让教练对象在结束时产生茫然无助的感觉。一旦他们见识过教练会谈是如何运转的，他们就更有可能轻松自如地回答这个问题。

最简单的方法就是直接提出类似这样的发问："你有什么想说的来结束这次会谈吗？"

> **考核官聆听的几类教练干预迹象包括：**
>
> - 教练与教练对象核实他们希望如何完成这次会谈。
> - 教练询问教练对象他们希望如何结束这次会谈。
> - 客户表示他们已经完成了会谈，教练认可这一点。
> - 教练帮助教练对象澄清哪些话题已经完成，哪些可能需要在未来的会谈中继续。

下面的这些例子可以视为有效的教练干预迹象：

"在我们结束这次会谈之前，你有没有其他想要说的？"

"我能听出来你对于你制订的这个计划感觉非常满意。你还有没有其他想要说或做的事情，来真正结束这次会谈？"

"你有没有其他想要说的事情，来使你对这次会谈感到满意？"

"你想如何结束这次教练会谈？"

"什么会使你对会谈感到圆满？"

学习要点

及时总结教练对象在"人"和"事"两方面的学习收获。不要只在会谈结束时才这么做；在整个会谈的任何恰当时机都可以巧妙地做这件事。

记得邀请教练对象应用这些学习收获。没有付诸行动的领悟是缺乏力量的。行动可以是反思、进一步探索或更具体的行动。

帮助教练对象运用各种领悟促进持续成长。

支持教练对象设计对他们有用且感觉良好的问责方式。

别忘了祝贺你的教练对象！

合理安排时间，以便让你有时间邀请教练对象来结束会谈。

第三部分
专业级教练认证申请及考试

- 专业级教练认证申请
- ICF 认证考试

专业级教练认证申请

创问
Create Coach

请注意，ICF 对 PCC 认证申请程序有一个指导说明，可以从下面的链接下载：www.coachingfederation.org/app/uploads/2024/01/PCC-Candidate-Guide.pdf。

在你努力完成 500 小时的教练工作、超过 125 小时的教练培训和教练督导之后，你就可以开始申请 PCC 认证了。这在许多人看来是难以做到的，不过这确实需要投入时间、采用条理清晰的方法并拥有对获得 PCC 证书的那份喜悦的憧憬！

我将先介绍官方的申请程序指导，然后在后面加上我自己的想法和说明，以免将有关申请程序的官方建议与我个人提供的支持和指导相混淆。

重要提醒：我在这里所说的关于申请程序的内容当然是以 ICF 的最新变动为准的，所以我要求你在利用这个指导的同时，还要确保在 ICF 网站上查看所有的更新内容。

同样值得注意的是，这个申请程序是刻意严格化的。"教练"是任何人都可以使用的一个称呼，但成为一名 ICF 认证教练是你用来体现专业精神的一个重要标志，我们希望它是一个标准化的、专业的体系。它是你的一份宣言，表明你追求高标准的教练事业，同时遵守高水准的职业道德。

第三部分 专业级教练认证申请及考试

PCC 申请资格

要申请 PCC 认证，你必须能够证明：

（1）500 小时为客户提供教练服务的经历。

· 这些教练服务应该发生在一个至少 30 小时的教练培训课程开始之后，

该课程 80% 的内容应该是专门的核心教练技术；

· 其中应该至少有 450 小时是付费的；

· 其中应该至少有 50 小时是在你提出申请之前的 18 个月内发生的；

· 其中应该包括至少 25 个客户。

（2）至少接受过 125 小时的专门教练培训。

（3）接受过 10 小时的教练督导（如果你已经完成了 ACC 认证，并且你接受的督导是由一位 PCC 或 MCC 完成的，那么你就不必再接受 10 小时的督导）。

· 其中至少有 3 小时应该是一对一的；

· 其余的几个小时可以在不超过 10 人的小组中进行；

· 这些督导需要由一位合格的教练导师来完成，其时间跨度应不短于 3 个月。

更多相关信息请参阅以下链接：

www.coachingfederation.org/experience-requirements。

PCC 申请途径

PCC 申请人有三种申请途径，要求都相同，你选择哪条途径取决于你获得教练专门培训的方式。

1. 通过一级或 ACSTH[1] 课程途径申请 PCC

申请人已通过一级或 ACSTH 授权课程，并且/或者通过部分的二级或 ACTP[2] 课程，完成至少 125 小时的教练培训。

通过此途径申请时，申请人须提交两份教练会谈录音并附上文字记录。

2. 通过二级或 ACTP 课程途径申请 PCC

申请人已完成 ICF 授权的全部二级或 ACTP 课程。

1　ACSTH：Approved Coaching Specific Training Hours，教练专项培训学时，国际教练联合会授权的教练专项培训课程，特点是专门性。
2　ACTP：Accredited Coaching Training Program，认证教练培训课程，国际教练联合会授权的教练系统培训课程，特点是系统性。

其中包括已通过该课程的最终考试,因此不要求提交教练会谈录音。

3. 通过组合途径申请 PCC

申请人的教练培训时长包括 CCE 课程和/或未经 ICF 授权的各种教练培训课程。

通过此途径申请时,申请人须提交两份教练会谈录音并附上文字记录。

提交申请

你需要访问 ICF 官网(www.coachingfederation.org),找到 Credentials and Standards(证书和标准)页面,选择 Apply Now(现在申请)。你还将找到一些申请示例,我强烈建议你首先仔细查看这些示例。

作为会员提出申请会获得折扣,所以我建议你先申请成为会员,然后通过 ICF 会员门户提交申请。当然你并非必须成为会员才能申请证书。

在 ICF 工作人员开始审核你的申请之前,你需要上传所有信息。一旦审核开始,如果有任何信息缺失或错误,将有人联系你对其中的缺失或错误做出纠正。

一些申请会被选中进行审查。ICF 对此的说法是：

> 被选中接受审查的教练必须提供其客户的联系信息，或者对于保密的内部或第三方教练，提供其组织内有权证实其教练时长的某个人的联系信息。教练在存储客户信息之前应获得并记录客户已同意，明确说明保存和保护这些信息的方式，并拥有完备的方法以供追查相关数据。然而，被选中进行审查的申请人不必直接向 ICF 提交客户日志。

评审过程

评审是通过以下两个主要的测试途径完成的：

（1）表现评估——提交真实的教练会谈录音；
（2）ICF 认证考试。

表现评估

请注意，这一项与那些通过一级/ACSTH 途径和组合途径的申请者相关。在 ACTP/ 二级途径下提交申请的学员已经在他们的课程中完成了表现评估。

录音的长度、格式和必须附带的文字记录都有严格的要求。申请时请参阅 ICF 官网就此发布的最新信息。

这两份录音至少由两名评估人分别进行评估，他们审查录音中符合 PCC 评估标准的迹象。表现评估的及格要求是多数评估人认为申请人展现了在核心教练能力方面所要求的技术水平（根据 PCC 评估标准进行衡量）和对 ICF 道德操守的正确遵循。

这是申请程序中耗时最长的部分，可以在申请界面的公告栏查询进展情况。

一旦表现评估完成，通过考核的申请人将收到一条消息，其中包含 ICF 认证考试的安排说明。

那些未达到及格标准的申请人将收到一条信息，其中包含重新参加评估的要求说明。

ICF 认证考试

这是整个过程的最后一步，当包括成功完成表现评估在内的所有其他条件都得到满足时，就会进行这一步。

该考试在电脑上进行，可以在考试中心或远程参加。

从 2024 年 8 月 20 日起，ICF 认证考试时间将按照下列时间节点进行：

（1）考试指令——4 分钟；

（2）第一部分（39 道题）——83 分钟；

（3）中场休息——10 分钟；

（4）第二部分（39 道题）——83 分钟；

总时长：3 小时。

ICF 认证考试对教练进行以下四个领域的测试：

1. 领域：基础

（1）13%——能力：展现职业道德操守。

（2）12%——能力：体现教练心智。

2. 领域：合作创建教练关系

（1）12%——能力：建立和维护教练合约。

（2）13%——能力：培养信任和安全感。

（3）13%——能力：保持当下和同在。

3. 领域：有效地交流

（1）12%——能力：积极聆听。

（2）13%——能力：唤起觉察。

4. 领域：促进学习和成长

12%——促进客户成长。

考试题目为"情境判断"题。每道题陈述一个教练情境，并给出四个回答选项。对于每个题目，申请人须从给出的选项中确定最佳回答和最差回答。

对于每个最佳回答和最差回答，只有一个可接受的选项，即便其他选项也是合理的。

有一个"标记"题目的选项，用于将题目标记出来，以便申请人在该部分最后再次判断这些题目，如果他们有时间这样做的话。

如果你在申请 PCC 之前的 12 个月内已经通过了作为 ACC 申请组成部分的 ICF 认证考试，那么你不必重新参加 ICF 认证考试。

该考试满分为 600 分，及格分是 460 分。

你可以在 ICF 官网找到练习题：

www.coachingfederation.org/credentials-and-standards/credentialing-exam-content#sample-questions。

请务必在下面这个链接中仔细阅读考试技术层面的准备细节：www.coachingfederation.org/app/uploads/2024/01/PCC-Candidate-Guide.pdf。

考试中心遵循严格的标准，不管你是在他们的中心还是远程参加考试。如果在家里参加考试，你需要在考试前做一个系统测试，并且准备一个考试区域。你还需要具体的身份证明，甚至对服装和发饰也有要求！

上面链接的指南还描述了语言支持系统以及对残疾人和哺乳期母亲的支持。

考试后

申请人可以在考试结束后立即查看他们的初试成绩，正式确认将在 7 个工作日内发送。

未达到及格分数者可在 14 天后重新参加考试。在此之后如果还要尝试，申请人必须等待 30 天才能重新参加考试。

维护你的 PCC 证书

PCC 证书有效期为 3 年，自颁发之日起至到期月的最后一

天。续期要求如下:

- 在首次颁发证书后的 3 年内或自上次续签证书后的 3 年内完成至少 40 小时的 CCE[1] 课程。
- 这 40 小时中至少 24 小时必须与核心教练能力相关。
- 这 40 小时中至少 3 小时必须与教练职业道德操守相关。
- 在网站可以找到一些续期申请表样本,它们对你很有帮助。

CCE 学分可以通过多种方式完成。请参阅以下链接,了解关于认可的课程来源和记录课时的方式的详细信息:

www.coachingfederation.org/credentials-and-standards/professional-development。

我个人对申请程序的说明

首先,我必须说我没赶上这个最新版本的 ICF 认证考试

---

[1] CCE:Continuing Coach Education,教练继续教育,ICF 授权的教练继续教育课程,特点是继续提升教练能力。

（我真幸运）。早在 2006 年我就通过了 MCC 考试，当时还没有引入在线考试。在过去，我们会收到一份文件，里面有需要我们回答的一系列长短不一的问题。这种方式不可能做到标准化，因此那套系统后来被更新了。

我确实参加过最初的在线考试，因为作为教练导师，我必须这样做。自从这些新的、更安全的考试形式取代了原来的在线考试，我一直没有机会参加。我指导过数量众多的教练为考试做准备，而且听过他们中的许多人讲述考试的经历。不过，坦率地说，我自己没有参加过。之所以说这些，我想强调的是，在我看来，这项考试分为以下两个部分：

（1）顺利通过这项考试所要求的内容和知识；
（2）参加这项考试的经历。

我在本书中主要谈的是第一部分，不过我希望你为第二部分做好充分的准备。在前面我几次提到 ICF 的 PCC 申请指南（PCC Candidate Guide），我认为这是开始申请过程之前必不可少的阅读材料。它将详细介绍所有的要求，让你为这次 ICF 认证考试的经历做好准备。在这个新考试系统刚启用的时候，参加考试的那些人对安全性的提高以及由此带来的压力感毫无准备。我很高兴现在你能获得更多的信息。请在你确定的考试日期之前提早做好准备，这样你的考试过程会更顺利。

考试的准备主要是通过你的教练培训和你对这本书的学习来完成。你不允许带任何形式的笔记进入考试区域，所以必须提前做好准备。

我建议你熟读以下材料：

- 你从任何课程中拿到的教练培训手册。
- ICF 教练职业道德操守。
- ICF 核心教练能力。
- PCC 评估标准。
- 当然，还有这本书！

这些应该足以让你从 600 分中获得 460 分的及格分数，为了确保这一点，我在下面给出了几点重要建议！

第一部分：准备考试

下载、打印并整理以上材料。认真学习这些材料，确保完全理解。与教练同事一起讨论。就它们的运用方式互相提问。要深入掌握它们。

确保你已经从 ICF 网站下载了 PCC 申请手册。网站有练习题的链接，可以让你了解出题思路。

弄清楚考试的技术操作和后勤方面的情况，这样你就能在考试当天把所有精神都集中在考试这件事情上，并保持最佳的放松状态。

还有非常实际的一点……一定要事先上个厕所，他们对考试时间节点和休息时间的要求非常严格。

第二部分：考试期间

保持专注和平稳的答题速度。开始的时候可能会觉得时间很充裕，但是要保持一个稳定的答题速度，因为在接近考试结束时，时间似乎会跑得飞快！

如果某道题你真的看不懂或者找不到正确的答案，记住你可以"标记"它，回头再来看它。这个方法很有帮助。我以前考试的时候有些题看不懂在问什么，或者找不出最差答案或最佳答案。老实说，有时候我觉得它们都很差或者都可以。当你被卡住时，与其花上很长时间去思考，倒不如先标记一下，回头再看，这样很可能你会发现你已经习惯了那些措辞，当你回头再看时，它们变得更容易理解。

请记住，ICF希望看到你按照他们的标准理解如何正确运用核心能力和道德操守。这一点很重要，因为有时候我们在实际工作中采用的方式可能并不符合（比如说）完全非指导性的要求。这项考试测试的是你对纯正知识的掌握，而不是你日常可能采取的工作方式。

你至少要答对 70% 的题目才有可能及格，而许多题目是非常简单易懂的。仔细检查那些"简单"的题目。你会很自然地匆匆做完简单的题目，以便把更多时间集中在更难的题目上，那样的话，你会在一些貌似简单的题目上丢掉本应得到的分数。

第三部分：考试之后

不管及格与否，请庆祝一下！你已经取得非常特别的收获，并且展示了你作为一名教练的专业精神、你为客户提供最好的教练服务的承诺，以及你个人成长的愿望。这一切都值得好好庆祝。

如果你达到了及格要求——在你庆祝一番之后——请计划一下你将如何利用它。你会在哪里分享这一消息，如何分享？你会把你的成功告诉谁，你会如何向他人说明获得这个证书的意义？这是一个重要的里程碑，值得将其作为一种营销工具来证明你的专业水平，并让潜在的客户明白你拥有这一证书的意义。

如果你没有达到及格分数，仍然要庆祝，然后问自己是什么阻碍了你的成功。要对自己关爱、友好和诚实。做一个计划，安排好何时重新参加考试以及你将如何克服上次遇到的障碍。

最后，我要送上祝福，祝你考试好运——当然你并不需要任何运气，如果你已经准备好了的话。

附录 1
核心教练能力

下文将列出 8 项核心教练能力，便于大家更好地理解由 ICF 界定的当今教练行业的技术和方法。

这些核心教练能力是 ICF 认证考试的基础。ICF 将教练工作定义为"与客户共同开启的一个激发思考的、富有创造力的过程，激励他们最大程度地发挥个人潜能和职业潜能"，而这些核心教练能力为教练工作的技术和态度创建了一个强有力的框架。

许多教练对核心教练能力持有一些限制性信念。我听到过很多教练说它们是"限制性的"和"控制性的"，但是我希望你能学会接受它们，把它们当作通往真正大师级水平的基础、阶梯和道路。它们旨在培养你的教练技术，让你能够灵活地将它们真正应用到自己的工作中，同时通过限定教练工作的范围来保护你和教练对象。

核心教练能力反映了教练工作的牢固基础——在你剥去任何附加技术 [例如 NLP（神经语言程序学）] 或任何专业领域（例如高管教练、职业教练或灵修教练）之后的教练本质。

"进化教练"课程是依据这些核心能力而设计的。我们在整个课程的培训过程中以各种不同的方式阐释每一项能力，并随着课程的推进，力求在更高层次上掌握它们。

最初的 11 项核心教练能力是 1998 年制定的，2019 年 11 月更新为 8 项。它们被分成四个领域，ICF 对这些领域是这样描述的：

ICF核心能力分为四个领域，这是基于每个领域内各项能力之间的共通性和相互依赖性。没有哪一个领域或哪一项能力更重要——它们的划分并没有等级之分。相反，每一项能力都被认为是核心的，对于任何一名合格的教练来说都是必备的。

对于这些核心教练能力的深入理解和切实掌握是任何一名希望获得ICF认证的教练的重要起点。我们在此基础上才能发展运用这些能力的相关技术——在ACC、PCC、MCC这三个级别上。每个认证级别都有自己的一套行为评估标准。它们并非用于学习教练技术的一些刻板教条。

核心教练能力具体如下：

A. 基础

1. 展现职业道德操守

定义：理解并一贯地遵循教练职业道德和教练标准。

（1）在与客户、资助人和利益相关者交往中展现个人的正直和诚实。

（2）对客户的身份、生活环境、经历、价值观和信仰等保持敏感。

（3）运用恰当的语言，体现出对客户、资助人和利益相关者的尊重。

（4）遵守ICF职业道德操守，拥护其核心价值观。

（5）遵照利益相关方的合约和相关法律对客户信息保密。

（6）保持教练工作和咨询、心理治疗及其他支持性职业的区分。

（7）在适当的时候把客户推荐给其他支持型职业的专业人士。

2. 体现教练心智

定义：培养并保持开放的、好奇的、灵活的、以客户为中心的教练心智。

（1）认可客户对他们自己的选择负责。

（2）投入持续的教练学习和教练成长。

（3）培养持续的反思行为以提升个人的教练工作。

（4）觉察并接受环境和文化对自己及他人产生的影响。

（5）运用自我觉察和直觉让客户受益。

（6）培养并保持控制个人情绪的能力。

（7）在精神上和情绪上为教练会谈做好准备。

（8）在必要时向外在资源寻求帮助。

B. 合作创建教练关系

3. 建立和维护教练合约

定义：与客户和利益相关者合作创建关于教练关系、过程、计划和目标的清晰的合约。为总体教练安排及每一次教练会谈建立合约。

（1）向客户和利益相关者说明教练工作是什么和不是什么。并且描述教练过程。

（2）关于在教练关系中什么是恰当的、什么是不恰当的，会提供什么、不会提供什么，以及就客户和利益相关者的责任达成一致意见。

（3）就教练关系的指导方针和具体因素，比如后勤、费用、时间安排、持续时间、终止、保密和他人参与等等，达成一致意见。

（4）与客户和利益相关者合作创建总体的教练计划和目标。

（5）与客户合作确定客户和教练是否彼此适合。

（6）与客户合作找到或重新确认他们想要在会谈中实现的目标。

（7）与客户合作确定客户认为他们需要探讨或解决什么问

题才能达到他们想在会谈中实现的目标。

（8）与客户合作确定或重新确认客户想在整个教练过程或单次的会谈中实现的目标有哪些衡量成功的标准。

（9）与客户合作管理会谈的时间和焦点。

（10）持续朝着客户的期望结果展开教练工作，除非客户改变方向。

（11）与客户合作以尊重这一教练体验的方式结束教练关系。

4. 培养信任和安全感

定义：与客户合作创建一个安全的、支持性的环境，从而使客户能够自由地分享。与客户保持互相尊重和信任的关系。

（1）做到在客户的生活背景下理解他们，这种背景包括他们的身份、生活环境、经历、价值观和信仰等。

（2）表现出尊重客户的身份、观点、风格和语言的态度，并使自己的教练方式适应客户。

（3）认可和尊重客户在教练过程中表现出的独特才能、洞见和努力。

（4）表现出对客户的支持、理解和关心。

（5）认可和支持客户表达情感、观点、忧虑、信念和建议等。

（6）展现自己的坦诚和透明度，以此来显露内心的脆弱处并与客户建立信任。

5. 保持当下和同在

定义：完全清醒地与客户同在当下，表现出开放、灵活、理智和自信的状态。

（1）保持对客户的关注、敏锐观察、情感共鸣和积极回应。

（2）在教练过程中表现出好奇。

（3）控制个人的情绪，以保持与客户同在当下。

（4）在教练过程中表现出应对客户强烈情绪的信心。

（5）自如地在未知的状态里开展工作。

（6）创造或留出用于沉默、停顿或思考的空间。

C. 有效地交流

6. 积极聆听

定义：关注客户在说什么和没说什么，以充分理解交流的内容在客户的生活背景中的意义，并支持客户的自我表达。

（1）考虑客户的背景、身份、生活环境、经历、价值观和信念等，以更好地理解客户交流的内容。

（2）复述或总结客户交流的内容，以确保清晰和准确理解。

（3）当客户交流的内容有未尽之意时，及时发现并询问。

（4）留意、认可并探讨客户的情绪、能量变化、非语言暗示或其他行为。

（5）综合客户的话语、语调和肢体语言去判断所交流内容的完整意义。

（6）留意客户在多次会谈中表现出的行为倾向和情绪倾向，以识别重复的话题和模式。

7. 唤起觉察

定义：通过运用各种工具和技巧，比如强有力的发问、沉默、隐喻或类比等，去促进客户的领悟和学习。

（1）在决定什么可能最管用时考虑客户的阅历。

（2）挑战客户，以此唤起觉察或领悟。

（3）作出关于客户自身的发问，比如他们的思维方式、价值观、需求、渴望和信念等。

（4）通过提出问题来帮助客户拓展思维。

（5）邀请客户更多地分享他们当下的体验。

（6）留意到是什么在推动客户前进方面起作用。

（7）根据客户的需求调整教练方式。

（8）帮助客户发现那些会对目前和将来的行为模式、思维模式或情感模式产生影响的因素。

（9）邀请客户就他们如何才能前进及他们愿意或能够做什么这些问题做出思考和回答。

（10）支持客户形成新的视角和观点。

（11）分享观察、领悟和感受，但并不执着于它们的对错，这些分享有可能为客户创造新的学习机会。

D. 促进学习和成长

8. 促进客户成长

定义：与客户合作将学习和领悟转化为行动。在教练过程中提升客户的自主能力。

（1）与客户合作将新的觉察、领悟或学习整合进他们的世界观和行为。

（2）与客户合作去设计目标、行动和问责措施，这是对新学习的整合和拓展。

（3）在目标、行动和问责方式的设计中认可和支持客户的自主。

（4）支持客户从确定的行动计划中发现潜在的结果或学习。

（5）邀请客户考虑如何前进，包括资源、支持和潜在的障碍等。

（6）与客户合作总结会谈中或会谈外的学习和领悟。

（7）庆祝客户的进步和成功。

（8）与客户合作结束会谈。

© 国际教练联合会（ICF）

附录 2
国际教练联合会道德操守

1. 介绍

国际教练联合会（ICF）道德操守为所有ICF从业者（定义见附录2第2部分）描述了ICF的核心价值观、道德原则和道德行为标准。ICF于2020年1月实施了当前版本的道德操守。

道德操守由以下五个主要部分组成：

（1）介绍；

（2）主要定义；

（3）ICF核心价值观和道德原则；

（4）道德行为标准；

（5）宣誓词。

达到这些ICF道德行为标准是ICF核心教练能力的第一项，即："展现职业道德操守：理解并一贯地遵循教练职业道德操守和教练标准。"

ICF道德操守旨在通过以下方式维护ICF和全球教练行业的职业操守：

（1）制定符合ICF核心价值观和道德原则的行为标准；

（2）在职业道德上引导反思、教育和决策；

附录 2　国际教练联合会道德操守

（3）通过 ICF 道德行为审查（ECR）程序裁决和维护 ICF 教练标准；

（4）为 ICF 认可的课程提供 ICF 道德培训的基本内容。

ICF 道德操守适用于在任何与教练工作相关的互动中以 ICF 从业者身份出现的人。这与是否建立了教练关系（定义见附录 2 第 2 部分）无关。该操守明确说明了 ICF 从业者在从事各自的工作时应遵守的道德义务，这些工作包括教练、教练主管、教练导师、教练培训师或受训学员，也包括 ICF 领导人员和附属人员（定义见附录 2 第 2 部分）。

虽然道德行为审查（ECR）程序和宣誓部分一样仅适用于 ICF 从业者，但是 ICF 工作人员也应承诺遵守职业道德操守，拥护作为该 ICF 道德操守基石的核心价值观和道德原则。

遵守职业道德将会遇到挑战：ICF 从业者将不可避免地遭遇各种情况，要求他们对意想不到的问题做出回应、摆脱两难困境并应对复杂问题。本道德操守旨在帮助那些承诺遵守该操守的人，指导他们了解可能需要考虑的各种道德因素，并帮助他们找到符合道德行为的处理方式。

接受本道德操守的 ICF 从业者应努力遵守职业道德，即使在需要做出艰难的决定或付出勇气的时候。

2. 主要定义

客户——接受教练服务的个人或团体,接受指导或监督的教练,或接受培训的教练或学员。

教练工作——与客户共同开启的一个激发思考的、富有创造力的过程,激励他们最大程度地发挥个人潜能和职业潜能。

教练关系——由 ICF 从业者和客户/资助人根据一份明确各方责任和期望的协议或合同而建立的关系。

规范——国际教练联合会(ICF)道德操守。

保密——保护在教练过程中获得的任何信息,在未征得对方同意的情况下不得泄露。

利益冲突——ICF 从业者卷入多方利益的情形,此时满足一方的利益要求可能会损害另一方的利益。这可能涉及财务、个人或其他方面。

平等——所有人都体验到认同感,都能够获得资源和机会,不论他们在种族、民族、国籍、肤色、性别、性取向、性别认同、年龄、宗教、移民身份、精神或身体残疾以及其他方面存在任何差异。

ICF 从业者——作为 ICF 成员或 ICF 证书持有人而从事相关工作的个人,其角色包括但不限于教练、教练主管、教练导师、教练培训师和受训学员。

ICF 工作人员——由管理层聘任的 ICF 附属人员，代表 ICF 提供专业的管理和行政服务。

内部教练——在一个组织内受雇，为该组织的员工提供兼职或全职教练服务的个人。

资助人——为所提供的教练服务付费并且/或者为其做出安排或界定的实体（包括其代理人）。

附属人员——为 ICF 从业者服务以支持其客户的人员。

系统性平等——在社区、组织、国家和社会的伦理、核心价值观、政策、结构和文化中制度化的性别平等、种族平等和其他种类的平等。

3.ICF 核心价值观和道德原则

ICF 道德操守的基石是 ICF 核心价值观（专业主义、协作精神、仁爱和公平）和源于这些价值观的行为。所有的价值观都同等重要并相互支持。这些价值观包含着远大的抱负，有助于理解和解释道德操守的行为标准。所有 ICF 从业者都应该在他们所有的业务交往中展示和传播这些价值观。

4. 道德行为标准

以下道德行为标准适用于ICF从业者的职业活动:

第一节 对客户的责任

作为一名ICF从业者,本人:

(1)在初次会谈中或初次会谈之前,向客户和资助人做出说明,确保他们了解教练的性质和潜在价值、保密的性质和界限、财务安排及教练合约中的任何其他条款。

(2)在教练服务开始之前,与客户和资助人建立合约,明确相关各方的角色、责任和权利。

(3)按照约定为各方严格保密。本人知悉并同意遵守与个人资料及交流有关的所有适用法律。

(4)明确约定在所有教练互动过程中相关各方的信息交流方式。

(5)与客户、资助人或利益相关方明确约定各种不能为信息保密的条件(例如,非法活动、法律要求、有效的法院命令或传票,以及危及自身或他人的紧急情况或可能的风险等等)。如果本人有理由相信上述情况之一是适用的,本人可能需要通知有关当局。

(6)在担任内部教练时,与客户和资助人通过教练合约和持续对话来应对利益冲突或潜在利益冲突。这将包括商讨组织角色、责任、关系、记录、保密和其他汇报要求。

（7）以促进保密、安全和隐私并遵守任何适用法律和约定的方式，维护、保存和处置所有在业务交往期间生成的记录，包括电子文档和通信记录。此外，本人尽力适当利用在当下教练服务行业采用的新兴的、发展中的技术成果（技术辅助教练服务），并了解适用于它们的各种道德行为标准。

（8）对于那些表明教练关系的价值可能会发生改变的迹象保持警觉。如果情况属实，调整教练关系或者鼓励客户/资助人寻找其他教练、其他专业人士或使用不同的资源。

（9）尊重各方依据合约条款在教练过程的任何时候以任何理由终止教练关系的权利。

（10）敏锐地意识到与同一客户和赞助人同时拥有多重约定和多重关系而可能产生的影响，以免造成利益冲突。

（11）觉察并积极应对由文化、关系、心理或背景等因素可能导致的本人和客户之间的任何权力或地位差异。

（12）向客户公开本人因将客户介绍给第三方而可能获得的报酬和其他利益。

（13）在任何教练关系中，无论约定报酬的数量或形式如何，都要确保始终如一的教练质量。

第二节 对行为表现的责任

作为一名 ICF 从业者，本人：

（14）在所有业务往来中遵守 ICF 道德操守。一旦意识到自己有可能违反操守或者发现其他 ICF 从业者有不道德的行为时，本人将以互相尊重的方式与相关方商谈此事。如果这不能解决问题，本人将把它提交正式机构（例如 ICF 全球董事会）进行解决。

（15）要求所有附属人员遵守 ICF 道德操守。

（16）投入持续的个人、专业和道德发展，致力于追求卓越。

（17）认识到个人局限性或者可能损害、妨碍或干扰教练表现或职业教练关系的各种情况。本人将寻求支持以决定如何采取行动，并在必要时迅速寻求相关的专业指导。这可能包括暂停或终止本人的教练关系。

（18）通过与相关方合作解决问题、寻求专业帮助或暂时中止或结束业务关系来解决任何利益冲突或潜在的利益冲突。

（19）保护 ICF 成员的隐私，仅在 ICF 或 ICF 成员授权的范围内使用 ICF 成员的联络信息（电邮地址、电话号码等）。

第三节 对专业主义的责任

作为一名 ICF 从业者，本人：

（20）准确说明本人的教练资质：教练能力水平、专业知识、经验、培训经历、各种证书和 ICF 认证等。

（21）以口头和书面形式真实准确地说明本人作为一名 ICF 从业者所能提供的服务、ICF 所提供的服务、教练行业以及教练工作的潜在价值。

（22）关于本操守所确立的道德责任，向那些需要知情的人做出说明。

（23）承担责任，去关注并设定清晰、恰当和文化敏感的界限，以约束在物质或其他方面的交往。

（24）避免与客户或资助人有任何性关系或浪漫关系。本人将时刻注意在教练关系中保持恰当的亲密程度。本人会采取适当的行动来解决这类问题或终止教练关系。

第四节 对社会的责任

作为一名 ICF 从业者，本人：

（25）在所有活动和业务中保持公正和平等，同时尊重当地法规和文化习俗，以避免歧视。避免包括但不限于基于年龄、人种、性别表达、民族、性取向、宗教、国籍、残疾或兵役状况的歧视。

（26）承认并尊重他人的贡献和知识产权，并声明只对自己创作的材料拥有权利。本人理解违反这个行为标准可能会受到第三方法律补救的惩罚。

（27）在实施调查研究和报告研究成果时，保持诚实并遵守公认的科学标准、适用的指导方针和本人的权限。

（28）意识到本人及客户对社会的影响。本人坚持奉行"做好事"而不是"避免坏事"的人生哲学。

5. ICF 从业者职业道德宣誓词

作为一名 ICF 从业者，依据 ICF 道德操守的行为标准，本人承认并同意履行对教练客户、资助人、同事和广大公众负有的道德义务和法律义务。

如果本人违反 ICF 道德操守的任何部分，本人同意 ICF 可以通过自行裁决来追究本人的责任。此外，本人同意，对于任何违规行为，ICF 针对本人的追责可以包括各种制裁，比如强制性的额外教练培训或其他教育，或者取消本人的 ICF 会员资格和/或 ICF 证书。

ICF 全球董事会于 2019 年 9 月通过

国际教练联合会（ICF）

寄　语

我想要以对你的感谢来结束这本书。

事实上，如果你已经买了这本书，那就意味着你已经是这个世界上更为开放和专业的教练之一了。你专注于你的职业发展，并渴望把这种我们称之为教练技术的神奇技艺带给那些最需要它的人。

不管你是打算做还是已经在做教练工作，也不管你的工作对象是公司、领导人、儿童、父母、教师、青少年、企业家还是任何其他群体或个人，请记住，我非常欣赏你的使命，希望你与我保持联系并分享你的旅程。

如果你觉得有必要这样做，请在你当地的社交媒体上与我建立联系，让我们一起关注和支持彼此的进步。

我对变革范式的进化充满热情——我希望变革者更健康、

更快乐、更富有，这包括教练和他们的许多客户。如果我们共同努力，我们可以把这个世界变成一个更美好的地方，为了我们和我们的孩子，还有孩子的孩子……

PCC只是前进道路上的一步，尽管是非常有影响力的一步。MCC是一个终生的旅程，我非常愿意和你一起走下去。总有更多的东西要学，总有进一步的成长，我在世界各地都有课程来帮助你学习和成长。

我于2001年开始正式从事教练工作，从那以后，世界变得非常不同。我们的孩子们更加辛苦，我们的经济承受着压力，我们中的许多人比以往任何时候都遭受了更多痛苦。但是和你在一起，我对改变充满信心。和你还有其他像你一样的教练在一起，我知道我们能够克服一切困难。

所以，我对你有一个请求。请照顾好自己。请准备好把你自己的健康和幸福放在第一位。如果你筋疲力尽，你就不能持续地为他人服务。我们把自己放在最后的位置，对任何人都没有好处；如果我们那样做，我们肯定不是好的榜样。

这一点也包括你的财务状况。对于很多教练来说，他们过于强调帮助，以致放弃了教练职业的一个重要部分——为他们的服务收费！当我们免费或以极低费用提供教练服务时，我们可能会限制其影响和作用。它会让人感觉不那么有价值，而你最终可能需要靠其他赚钱的工作来支撑你的教练工作。

寄 语

我邀请你来解释一下,在你的教练生涯中,是什么让你如此快乐,让你成了成就、能量和财富的优秀榜样。我保证,当你达到这个目标时,全世界都会想知道你的秘密,而我们传播教练技术的共同使命将会变得更容易、更有回报。

接下来,我会在网上的某个地方见到你,或者如果我非常幸运的话,也许会在世界上的某个地方见到你。也许我们可以坐下来喝杯茶,聊聊教练技术是如何让世界变得更美好的?它又是如何帮助我们的后代的?还有我们是多么幸运,因为它把你和我聚在了一起!

满满的爱和感激!

丽莎·韦恩

关于创问教练中心

创问教练中心是一家专注于职业教练培养和教练文化传播的生态型组织。

创问致力于共创一个联结的世界,以"赋能个人与组织成功"为己任,秉承"联结"的价值观,携手整合全球资源,为组织与个人提供专业的教练培训和服务。

创问成立于 2013 年,总部位于上海,深圳为分中心,在北京、成都、南京、无锡、大连、郑州、石家庄、无锡、温哥华等全球多个城市均有合作伙伴机构。

了解更多"职业教练认证"相关信息,可关注微信公众号:创问教练中心,或访问网站 www.cccoach.cn。